“十四五”职业教育国家规划教材配套用书

从零到卓越——创新与创业案例分析

主编　朱永迪　张文秀

内容提要

本书是《从零到卓越——创新与创业导论》的配套用书，旨在通过对具体创新创业案例的分析帮助学生更好理解所学内容。全书共分八章，具体内容包括：初识创新与创业、创新与创新素养培养、创新发明与创新成果保护、创业机会与创业风险、创业者与创业团队、创业资源与融资、创业计划和新创企业管理等。

本书所选案例典型、新颖，切合大学生创新创业实际，极具参考价值。本书既可作为普通高等院校创新创业教育课程的辅助教材，也可作为立志创业的各界人士的自学参考书。

图书在版编目（CIP）数据

从零到卓越 ：创新与创业案例分析 / 朱永迪，张文秀主编. -- 上海 ：上海交通大学出版社，2021（2023 重印）
ISBN 978-7-313-24882-4

Ⅰ. ①从… Ⅱ. ①朱… ②张… Ⅲ. ①大学生－创业－案例－高等学校－教材 Ⅳ. ①G647.38

中国版本图书馆 CIP 数据核字(2021)第 073997 号

从零到卓越——创新与创业案例分析

CONG LING DAO ZHUOYUE——CHUANGXIN YU CHUANGYE ANLI FENXI

主　　编：朱永迪　张文秀

出版发行：上海交通大学出版社　　地　　址：上海市番禺路 951 号

邮政编码：200030　　电　　话：021-64071208

印　　制：北京京华铭诚工贸有限公司　　经　　销：全国新华书店

开　　本：880mm×1230mm　1/16　　印　　张：9.25

字　　数：261 千字

版　　次：2021 年 5 月第 1 版　　印　　次：2023 年 7 月第 3 次印刷

书　　号：ISBN　978-7-313-24882-4

定　　价：29.80 元

《从零到卓越——创新与创业案例分析》作为《从零到卓越——创新与创业导论》的配套教材，旨在通过解读各类典型的创新创业案例，培养大学生的创新和创业意识，激发大学生的创业激情，从而引导大学生走上创新创业之路。

本书共分八章，具体内容包括：初识创新与创业、创新与创新素养培养、创新发明与创新成果保护、创业机会与创业风险、创业者与创业团队、创业资源与融资、创业计划和新创企业管理。通过对本书的学习，不仅能够提高学生的创新创业意识，还能够使学生具备必要的创业能力。例如，能够识别创业机会、防范创业风险、组建与管理创业团队、整合创业资源、筹集创业资金和撰写创业计划书等。

本书重点突出以下特点：

理论引领　案例精讲　资讯前沿

在结构上，本书每章均分为“理论导航”“精选案例”“创业（创新）资讯”三大模块，其中“精选案例”模块为本书的重点。

- ❖ 理论导航：对《从零到卓越——创新与创业导论》一书中重点内容进行归纳与提炼，便于学生回顾理论知识，更好地理解案例内容。
- ❖ 精选案例：选取了大量与重点内容密切相关的案例，其中既有成功的经验，也有失败的教训，希望能为学生指明方向，使其在创业时少走弯路。
- ❖ 创业（创新）资讯：集中介绍了创新创业领域的前沿理论与最新资讯，既增强了本书的可读性，又可帮助学生拓宽知识面。

案例精挑细选　全面 精讲 新颖

“精选案例”这一主体模块，呈现出全、精、新的特点。

- ❖ 全：一是案例覆盖面广，所选案例均是著名企业家及大学生创业者的创业案例，涉及创新创业过程的各个环节；二是案例涉及多个行业，便于不同专业的学生学习参考。
- ❖ 精：对案例进行精准到位的点评与分析，并提出有针对性的意见和建议，对大学生来说具有较好的参考价值与借鉴意义。
- ❖ 新：选择的案例均是当下最新的创新创业案例，保证了信息的时效性，便于学生更好地识别新形势下的创新创业机会，从而更好地进行创业实践。

为学习贯彻党的二十大精神，提升课程铸魂育人效果，本书专门在扉页“教•学资源”二维码中设计了相应栏目，以引导学生践行社会主义核心价值观，涵养学生奋斗精神、敬业精神、奉献精神、创新精神、工匠精神、法制精神、绿色环保意识等。

本书由朱永迪、张文秀担任主编，宋芳、钟岑、雷玉梅、赵路琴、刘建平担任副主编。在本书编写过程中，我们参考了部分文献资料、网络资源和相关的研究成果，以及一些专家学者的观点，在此深表谢意。此外，本书在编写过程中引用了大量案例，其中部分案例来源于互联网和一些非正式出版物，在此，也对这些案例资源的作者表示衷心感谢。另外，本书在正文中没有注明出处的案例均为自编或者根据真实事件改编。

由于编者水平有限，书中难免存在疏漏与不当之处，敬请广大读者批评指正。

本书编委会

主　编　朱永迪　张文秀

副主编　宋　芳　钟　岑　雷玉梅

赵路琴　刘建平

第一章　初识创新与创业

第二章　创新与创新素养培养

第三章　创新发明与创新成果保护

第四章　创业机会与创业风险

第五章 创业者与创业团队

第六章 创业资源与融资

第七章 创业计划

第八章 新创企业管理

第一章

初识创新与创业

第一节　认知创新

理论导航

创新是指以提出有别于常规或常人思路的见解为导向，利用现有的知识和物质，在特定的环境中，本着理想化需要或为满足社会需求，而改进或创造新的事物、方法、元素、路径、环境等，并能获得一定有益效果的行为。创新的类型有产品创新、技术创新、制度创新、职能创新、结构创新和环境创新等六大方面。

案例一　朱婷婷的“Youth 独食俱乐部”荣获金奖

朱婷婷是一名襄阳职业技术学院护理专业的 2017 届毕业生。毕业后她专注于餐饮创新与改革，设计了“独食”系列品牌，不到 3 年，她打造了 258 家加盟店和 5 家直营店，这些店铺覆盖全国 52 个城市，直接带动了 300 余人创业、1 500 余人就业。

一念创新，执着创业

朱婷婷虽然学的是护理，但她对学校开设的职业规划课和创新创业课更感兴趣。在校期间，她在“双创”老师的引导下参加了学校创业计划大赛并获得了一等奖，这次获奖激发了她的创业梦想和激情，创新的脚步从此不再停歇。2016 年，她组建的“育婴树”项目团队参加了“中国创翼”创新创业大赛并获得了银翼奖。2017 年，她又参加了第三届“互联网+”创新创业大赛并获得了铜奖。从此，她的“创业”基因被激活，给予她源源不断的创业动力。毕业后，她积极响应国家“大众创业，万众创新”的号召，开启了自己的创业之路。

瞄准商机，创新创业

在创业的路途中，朱婷婷一直在寻找一个帮助社会解决痛点的创业项目，她认为，有新意的、着力解决社会问题的创业才能在市场中有竞争力。于是，她花了两个月的时间跑市场，做调研。终于找到了一个有创意的且有市场空缺的项目。

她发现某平台《2020 外卖行业报告》中显示：“90 后”“00 后”的外卖订单中，单人用餐的比例分别是 65.4%和 73.7%。这就说明，在“90 后”“00 后”这些消费群体中，“一人食”现象非常普遍。因此，她觉得“独食”市场的潜力巨大。于是，她提出了“一人一位一份暖心精致餐品，独享空间与轻社交完美结合，赋予餐饮好心情”的饮食理念。“我要为这群人打造一个独享空间，从空间、服务到菜品，营造一种轻松的氛围。”朱婷婷说。

图 1-1　一人独享空间

为了让顾客得到真正的“独食”体验，她将火锅店设计成可以一人用餐的单独卡座，相邻座位之间都用隔板隔开，且中间的隔板上带有可以将隔板打开和关上的按钮，打开隔板后就可以和朋友聚餐，关上后就是用餐者自己的一方小天地，如图 1-1 所示。

她还在每个隔板上都悬挂着一本独食日记。朱婷婷说，用餐者可以在等餐时翻阅别人留下的小故事，也可以留下自己的故事。对陌生人来说，平日里无人可说的话或不敢说的话，都可以留在这里。这一创举满足了当代年轻人轻社交的心理需求，同时也增加了店员与消费者、消费者与消费者之间的联系，因此，门店的回头率达到了 80%。

她在创业的过程中一点点地尝试，并发明了 17 项专利。这些专利发明包括各种火锅配方、蘸料配方、炒料机、独立餐桌等。

2020 年，恰逢新冠病毒肆虐，“一人食”迎来新风口，她顺势而为，掀起一波新“食”尚，将“一人一位一份”用餐特色推行得风生水起，成为中国独食经济的领航者。

破纪录的获奖者

2020 年 11 月 19 日，朱婷婷团队凭借“Youth 独食俱乐部”项目在总决赛中斩获金奖。这是中国国际“互联网+”大学生创新创业大赛开赛以来，湖北省高职院校和省属本科院校取得的第一个金奖，也是湖北省职教赛道金奖“零”的突破。

“朱婷婷团队获得的这个金奖打破了我们湖北省职教赛道在中国国际‘互联网+’大学生创新创业大赛中从没有金奖的记录，是我校的骄傲，也是我省的骄傲！”襄阳职业技术学院就业创业中心主任林颖说。

资料来源：http://www.hbxytc.com/info/1030/15129.htm

案例点评

目前，“90 后”“00 后”，甚至更年轻的群体已经逐渐成为消费的主流群体，“Youth 独食俱乐部”正是从这部分人对“一人食”的需求出发，通过对就餐空间形式的创新，吸引了大量的客源，并逐渐形成独有的品牌。由此可以看出，创新并不一定是惊天动地的事情，小到菜品配方，大到整个店的布局形式，“Youth 独食俱乐部”都实现了与众不同的创新，因而获得了顾客的认可。

案例二 “创新达人”青增泰

青增泰于 2011 年从重庆工业职业技术学院（以下简称“重工”）毕业后，进入了重庆四联测控技术有限公司。在企业里，他热衷于技术创新，大家都称他“创新达人”。工作期间，他获得了大大小小的荣誉 20 余个，多项创新成果已运用于生产制造中，为企业节约了上百万的生产成本。

在他看来，工作中不但要具备创新精神，还要具备一丝不苟、严肃谨慎的工作态度。而这样的习惯，都是他在母校养成的。

认真学习，严于律己

青增泰坦言，在校期间，他最喜欢毛臣健教授的 PLC 自动化控制课，虽然课堂上毛老师不苟言笑，教学方式严谨且要求高，但毛老师上的每堂课都让他痴迷。

青增泰曾谈到，毛老师的课程更多的是让他认识到严谨的工作作风对于技术人员的重要性，细节和质量对于产品的重要性。受毛老师的影响，青增泰在工作中严格按照产品质量、进度、合格率的要求，不放过任何一个细微环节，凡是经过他检查和维修过的产品，合格率均达到了 100%。

潜心钻研，不断提升

2014 年，青增泰所在的公司开展全员创新活动，为员工提供展示的舞台。青增泰积极参加创新活动，认真总结工作中可以改进的工序和步骤，潜心钻研与设计。他自行设计并制作了 PDS 端子板的高压测试与调试测试一体化的测试设备，优化了工序，减少了操作步骤，提升了工作效率。经过公司高层的多轮评比，青增泰制作的测试设备获得了生产小组第一名和公司级第四名的好成绩，这次创新给了青增泰很大的鼓励。

在 2015 年的创新活动中，他又继续对生产过程中工序或步骤不够好的地方进行优化和改进，设计了 PDS 排线分线下线机。该设备极大地提升了效率，优化了生产工序，节省了大量人力物力，此次创新成果荣获公司一等奖。

埋头耕耘，终得硕果

之后，青增泰又苦心专研温控仪混合式继电器的测试方式，经过不断地学习和实践积累，在 2016 年的创新活动中，他设计出了一个手持式混合式继电器测试工装，该项成果极大地推动了公司生产自动化的进程。该设备小巧便捷，以前测试需要两个人配合才能完成，而运用该设备只需要一个人单手就可以完成测试，极大地提高了工作效率。

2017 年底，青增泰技能大师工作室正式成立。该工作室针对自动化设备及技能开展培训，使生产一线人员对智能制造有进一步的认识，培训后对公司的高精尖智能制造设备可完全自主进行作业，遇到常见问题可自行解决。目前工作室已培育出核心成员 10 人，设立项目 10 余个，累计节省成本 100 万元以上，成为重庆四联测控技术有限公司孵化培育人才的基地，各种创新成果也开始不断涌现。

此外，该工作室对 PDS8 传感器测试设备进行研究开发，研究设计了专用的传感器测试设备，解决了 PDS8 压力变送器测试效率慢、测试困难等问题，使该设备单个测试时间由 12 秒减少到 3 秒，同时减少对操作者的技能要求，极大地降低了劳动强度。同时，该工作室针对多功能点胶设备 PDS 系列产品升级后，端子板灌封难度加大的问题，创新开发了全自动多功能灌封设备，使效率提升了 100%。由工作室研发的各种重要技术创新不断为公司创造了突出效益，青增泰和团队收获了各种奖励。

2019 年，青增泰所在的工作室被评定为市级首席技能大师工作室。2021 年 10 月，该工作室又入选了国家级技能大师工作室，成为该公司乃至全市高技能人才队伍建设的一处重要平台。

资料来源：https://www.cqrb.cn/content/2021-12/22/content_356461.htm

案例点评

上述案例告诉我们，创新是企业的灵魂，是企业发展的不竭动力，更是提升企业竞争力的法宝。重庆四联测控技术公司每年都坚持举办创新活动，足以见得公司对创新的重视程度。青增泰及其团队也紧跟公司步伐，在日常的工作中时刻谨记要突破、要创新。他们通过锲而不舍的钻研和脚踏实地的匠气，创造了适合该公司的新产品，从而为公司节约了大量的时间、人力、物力和财力，进而提高了企业的竞争力。

案例三　创新是企业发展的动力——华为的崛起

2000 年，任正非在《创新是华为发展的不竭动力》一文中写道：“华为十年的发展历程，使我们体会到，没有创新，要在高科技行业中生存下去几乎是不可能的。”

华为的创新实践之一：技术创新

华为到2012年年底已拥有7万多人的研发队伍，占员工人数的48%，是全球各类组织中研发人数最多的公司。从1992年开始，华为就坚持将每年销售额的至少10%投入研发。仅2013年这一年，华为就为研发投入了该年销售额的12.8%，多达53亿美金。在过去10年的研发投入中，更是累计超过200亿美金。华为在全球有16个研发中心，2011年又成立了面向基础科学研究为主的2012实验室，这可以说是华为的秘密武器。

截止2017年年底，华为共有74 307件授权专利。仅2018年上半年，就产生授权专利1 775件。在中国企业中，发明专利排名第一。

华为在欧洲等发达国家市场的成功，得益于两大架构式的颠覆性产品创新，一个叫分布式基站（是新一代用于完成网络覆盖的现代化产品），一个叫SingleRAN，后者被沃达丰的技术专家称作“很性感的技术发明”。这一颠覆性产品的设计原理，是指在一个机柜内实现2G、3G、4G三种无线通信制式的融合功能，理论上可以为客户节约50%的建设成本，也很环保。

华为的竞争对手们也企图对此进行模仿创新，但至今未取得实质性突破，因为这种多制式的技术融合背后有着无比复杂的数学运算，并非简单的积木拼装。正是这样一个革命性、颠覆性的产品，过去几年给华为带来了欧洲和全球市场的重大斩获。

华为的创新实践之二：“工者有其股”的制度创新

作为一个民营企业，任正非完全可以拥有华为的控股权。但任正非一反常理，从华为创立的第一天起，他就让知识管理者和劳动者为他们自己打工。到目前为止，华为有将近8万股东，可谓“工者有其股”，这无疑是人类商业史上未上市公司中员工持股人数最多的企业，也无疑是一种创举，既体现了创始领袖的奉献精神，也考验着管理者的把控能力：如何在如此分散的股权结构下，实现企业的长期使命和中长期战略，同时满足不同股东的各种利益诉求，其实是极富挑战的——前无经验可循，后面的挑战依然很多。

总的来说，华为在管理领域最大的制度创新就是“全员持股”。这是华为最大的颠覆性创新，也是华为创造奇迹的根本所在。

华为的创新实践之三：产品微创新

早期，不管是西方公司还是华为，卖设备给运营商都是采取代理商模式，但是，华为改变了这种做法，由代理模式改为了直销模式。这个模式首先是被逼出来的，由于华为早期产品质量不过硬，经常出问题，公司只能守着客户去服务。华为的老员工经常说一个词，叫做“守局”，这里的局指的是邮电局，就是今天的运营商。由于设备随时会出问题，华为那些年轻的研究人员、专家，经常在一台设备安装之后，就守在偏远县、乡的邮电局一两个月，白天设备在运行，晚上就跑到机房去检测和维护。设备不出问题是侥幸，出故障是大概率。

由此逼出了华为的微创新文化。例如，华为的交换机卖到湖南后，一到冬天就会有许多设备短路。为了查找原因，公司把一台出故障的设备拉回深圳。技术人员夜以继日地研究到底哪里出了问题，最后发现外壳上有动物（猜测是老鼠）的尿渍残留，就猜想是不是症结在这儿？

经过反复试验，他们最终确定，老鼠尿液里所含的某些成分是导致设备短路的原因。湖南冬天的时候老鼠在屋内到处窜，交换机上的污渍可以肯定是老鼠尿。于是，华为的工程师们就针对这一具体问题进行产品改造，解决了问题。

华为能够从一家小公司成长为让全球客户信赖的大企业和行业领导者，其多年不间断的、大量的贴近客户需求的微创新是一个重要因素。正是由于华为跟客户频繁地、零距离地沟通，才改变了西方公司独霸电信市场的格局。

华为的创新实践之四：市场开发创新

任正非的管理带有鲜明的军人特色，如"一点两面三三制"。尖刀队先在前面撕开口子，两翼部队蜂拥而上，把这个口子从两边快速拉开，然后，"华尔街就是你的了"。

"一点两面三三制"是华为公司的一种经典的市场作战方式，对华为多年的市场成功助益甚多，至今仍然被市场一线的指挥官们奉为经典。

除此之外，华为还有"重装旅"。一线营销人员发现机会后，立即报告给公司。总部马上成立商务、技术等专家组（重装旅）奔赴前线。

华为创新实践之五：决策体制的创新

美国的美世咨询（Mercer）公司在 2004 年对华为进行决策机制的咨询。让任正非主持办公会，任正非不愿意，就提了一个模型，叫轮值 COO。七位常务副总裁轮流担任 COO，每半年轮值一次。轮值 COO 进行了 8 年，结果是什么呢？

首先，是让任正非远离经营，甚至远离管理，变成一个头脑越来越发达，"四肢越来越萎缩"的领袖。真正的大企业领袖在企业进入相对成熟阶段时一定是畸形的人，脑袋极其发达，聚焦于思想、文化和企业观念层面的建设；"四肢要萎缩"，四肢不萎缩，就会时常指手画脚，下面的人就会无所适从。

10 年前，任正非是"大半个"思想家和"小半个"事务主义者。10 年后，任正非完全脱离开事务层面，成为完全意义上的华为思想领袖。轮值 COO 的成功实践，促使了华为在 3 年后又开始推行轮值 CEO 制度。EMT 管理团队由 7 个常务董事组成，负责公司日常的经营管理，7 个人中 3 位是轮值主席，每人轮值半年。3 年来的运行效果是显著的，最大成效之一是决策体系的动态均衡。

其次，避免了山头问题。任正非认为，华为的轮值 COO、CEO 制度，从体制上制约了山头文化的坐大，为公司包容、积淀了很多五湖四海的杰出人才。同时，这种创新体制也使整个公司的决策过程越来越科学化和民主化。今天的华为已经从早年的高度集权演变到今天的适度民主加适度集权这么一个组织决策体制。

轮值 CEO 制度，相对于传统的管理理论与实践，可以称得上是划时代的颠覆性创新，在有史可寻的人类商业管理史上恐怕找不到第二例。有中国学者质疑这一体制的成功可能性，但至少华为迄今为止的实验是相对成功的。

资料来源：http://www.sznews.com/news/content/2021-09/09/content_24553960.htm

案例点评

华为的成功，首先是哲学与文化的成功，同时也是创新的成功。华为投入了极大的力量在技术、制度、产品、市场开发、决策体制等方面，进行了有价值的创新，使公司在研发、市场和管理等方面形成了高壁垒，从而使企业立于行业的不败之地。这些优势促使华为从一个弱小的、没有任何背景支持的民营企业快速成长为全球通信行业的领导者。

第二节　认识创业

理论导航

创业是指自行承担风险的个人或团队不拘泥于当前资源条件的限制，寻求机会，进行创造价值的系列行动或过程。可以说，创业既是一种精神，也是一种行动，更是一个从无到有的创造过程。

创业过程包括从产生创业想法到创建新企业并获取回报的整个过程，通常可分为产生创业动机、识别创业机会、整合有效资源、创建新企业、实现机会价值和收获创业回报等六个主要环节。此外，创业的关键要素包括创业机会、创业团队和创业资源。

案例一　大学生创业开发沙盒游戏，月营收 4 至 8 万元

毕业季，当身边同学在招聘会上奔波找工作时，武汉职业技术学院 2021 届毕业生孙波等 5 名大学生靠几台电脑、几部手机，通过在沙盒创意平台《迷你世界》中开发、分享 UGC（用户原创内容）沙盒作品，走上了一条自主创业之路。

兴趣指引，应用专业知识投身游戏开发

孙波是武汉职业技术学院计算机专业的一名学生。读大三期间，他在学校创办了憨憨鱼游戏开发工作室。孙波称自己能走上游戏开发的创业之路是因为兴趣。在接触沙盒游戏后，他就对沙盒内容产生了浓厚的兴趣，看着“大神们”创作出的宏伟世界，孙波梦想着有朝一日能像他们一样，让更多人看到自己的作品。

2020 年寒假，孙波接触了一款休闲类 3D 沙盒游戏——《迷你世界》。在对《迷你世界》进行了一番探索后，他发现《迷你世界》与之前接触的沙盒游戏不一样。孙波说，这款游戏不仅能搭建场

景，还能通过“触发器”对游戏玩法进行定义，玩家可以自己创造世界和定义世界的规则。

受新冠疫情影响，孙波在家度过了一个漫长的假期。这段时间，他把精力都放在了《迷你世界》中。搭建场景、测试工具、分享自己的作品，孙波忙得不亦乐乎。恰巧那时，官方为鼓励开发者创作，将平台的扶持政策进行了升级。面对官方提供的高额开发者奖励，孙波萌生了转型开发者的想法。

怀揣着这样的想法，孙波报名了官方的“星启计划”。“加入‘星启计划’，作品数据好的话，就能从官方领取可观的创作激励。我当时就一心想做爆款，自己也从场景创作逐渐向内容开发转型。”孙波说。

家人投资，成立工作室，让梦想起步

开学后，孙波经常在宿舍开发游戏，他的行为很快就引起了很多同学的注意。当大家得知，通过《迷你世界》可以取得可观收益，不少人对“沙盒内容开发”产生了兴趣。面对同学们的询问，孙波总会一一解答，有时还会手把手地指导。同学们的热情激发了孙波带领感兴趣的同学一起创业的念头。于是，他说服父亲赞助了 3 万元，创办了自己的游戏开发工作室。

创业初期，因为缺乏游戏开发经验，玩家对他们开发的作品并不感兴趣，以至于游戏下载数据非常惨淡。当时，憨憨鱼工作室每月的经营成本接近 2 万元，看着账户里的资金越来越少，孙波有了压力。到底是什么地方出了问题呢？一筹莫展之际，孙波向《迷你世界》官方发出了求助。

官方工作人员在核实工作室的状况后，迅速给他们的工作室发放了万元扶持基金，缓解了他们的燃眉之急。此外，官方工作人员还和憨憨鱼团队成员一起分析他们在创作作品时出现的问题，并鼓励他们参与官方线上活动。

得到官方帮助后，孙波和他的团队稳住了阵脚。之后，他们对之前开发的几个项目进行复盘，最后得出了一个结论，就是要针对玩家需求做开发，而不是顺着自己喜好，想当然地做内容。

找到问题所在，孙波和团队及时调整，并很快取得了成绩。2021 年 2 月，憨憨鱼工作室开发了一款“SLG”玩法的作品——《生命实验室》。这款作品让玩家模拟人类文明发展过程，从第三方视角帮助人类一点点向未来进化。作品一经推出就受到了玩家的广泛好评，下载量迅速突破百万。这不仅给孙波和他的团队创造了可观的收益，也让迷茫中的他们找到前进的方向。孙波说：“现在，我们团队的每个成员都有自己的代表作品，具备了“从 0 到 1”制造爆款的能力。”

明年营收冲百万，自信源于平台生态

“工作室每月营收 4～8 万元，2021 年实现 50 万营收问题不大，未来我们的目标是能翻一番。”孙波说道。刚毕业就给自己立下年入百万的目标，孙波和他的团队底气从何而来呢？

孙波坦言，在尝试《迷你世界》前自己也考察过其他的游戏开发方向。但游戏开发行业具有很高的壁垒，对于初学者群体并不友好。而《迷你世界》给了他不一样的感觉。无论是平台提供的待遇，还是官方对工作室的细心帮助，都让他们看到了未来发展的可能性。更重要的是，《迷你世界》开发工具还在不断优化，开发效率还在不断提升。孙波说：“《迷你世界》官方会定期为我们提供全新的内容模块，如材质包、触发器、特效插件等。很多时候，我们只需要在官方模块上适当调整参数，就能实现很多有趣的玩法。”

随着官方提供的内容模块数量的增加，编辑器的功能也变得更加强大，为开发者提供更多选择的同时，也让游戏开发的难度降低了很多。谈及这种简单易学的开发模式，孙波说：“这种模式对于我们这种初创团队是有好处的。它从游戏开发精神出发，去寻找更有创意、更具可玩性的内容，能让我们更快积淀，形成自己的风格。”

凭借着在《迷你世界》开发游戏的经验，孙波和他的团队成员在即将走出象牙塔之际找到了一个“就业可选项”，为未来求职发展增加了更多可能性。《迷你世界》独特的 UGC 沙盒创意生态，也在帮助更多的游戏爱好者突破门槛限制，让他们在游戏开发的赛道上，尽情制造快乐、展示自我。

资料来源：http://www.xinhuanet.com/tech/2021-07/07/c_1127631966.htm

案例点评

孙波的自主创业是成功的，分析其成功的原因主要有以下几点：一是行业选择明智。当他发现很多同学对“沙盒内容开发”感兴趣时，便产生了带同学们一起创业的想法。二是进行产品升级。孙波运用沙盒创意平台《迷你世界》成功开发了《生命实验室》后，又对《迷你世界》开发工具进行不断优化，从而增加很多有趣的游戏玩法。三是懂得借助外力。创业的道路不是一帆风顺的，孙波在创业时遇到了资金和作品研发困难，他立即求助《迷你世界》官方，得到了官方给他提供的资金支持和作品创作方面的建议，帮助他解决了难题，从而加速了他创业成功的步伐。

案例二 大学生用无人机给农业插上“科技翅膀”

处在“大众创业、万众创新”新浪潮中，广州南洋理工职业学院信息工程学院 2019 级数字媒体技术专业的一名大二学生麦海涛成为创业弄潮儿，他创办的科技有限公司在短短三年里已有发明专利一项，实用新型专利两项。

受到触发，投身无人机行业

“00 后”的麦海涛不仅是学校宣传部融媒体中心影视部的一位骨干成员，还是学校的创业达人、创业之星，更是一名拥有 5 年以上无人机航拍经验的航拍教员。

麦海涛告诉记者，2019 年 7 月，他无意中看到一则关于“因人工喷药中暑、农药中毒、害虫爆发等找不到喷洒农药的工人”的农业新闻，触动了他开一家“无人机农药喷洒”科技有限公司的想法。

2019 年 7 月 11 日，麦海涛在家乡湛江市遂溪县市场监督管理局注册成立了湛江市云鸽科技有限公司，主要业务包括植保无人机喷药防治服务、无人机销售、无人机维修、航测航拍应用、培训和出租等业务，是一家集大数据、人工智能、云计算等技术应用于三农的科技服务公司，是经中国航空器拥有者及驾驶员协会（AOPA）审定合格的专业级培训基地。

创业的艰辛，屋漏偏逢连夜雨

“无人机新兴产业需要经过市场的磨练和考验，真正做活做大的才是强者。”麦海涛介绍，创业初期遇到了很多困难，完全是摸着石头过河，遇到了很多难题。第一，招人难。新兴无人机行业的员工在人才市场最缺少，对新入职员工采取多方位多角度传授技术的培训方式，使其尽快熟悉植保无人机的每一项功能，这样才能尽快上手，并把技术传递给更多的新人。第二，工作强度大。喷洒农药这项工作的每一个细节都要亲历亲为，每天都有忙不完的事，加班到凌晨是常态。第三，资金困难。创业不到两个月，他们的资金就用完了，融资处处碰壁，所幸在家人与朋友的支持下，咬着牙坚持了下来。正是因为经历过这些困难，他们公司才能在无人机行业不断提高竞争力和影响力。

2020 年 9 月，麦海涛创业公司与广州南洋理工职业学院签订了校企合作协议，开展校企深度合作，实现产教融合。学校聘请公司 33 位员工作为企业教师，参与学校的产学研工作，开展无人机操作与维修课程的实践教学，完成教学任务 128 节，指导无人机创业团队 88 个，提供实习岗位 60 个。

此外，学校也委派具有大数据、人工智能、企业管理、会计等不同专业背景的 6 位老师担任麦海涛创业团队的指导老师，从而加速了公司的发展，公司三年营业总额达到 2 294 万元，利润总额达到 1 207.2 万元。

在校大学生，创新创业的标杆

2021 年 6 月 18 日，麦海涛一大早接到湛江市河头镇双村 700 多亩的红薯杀虫订单，他立即安排 3 名植保无人机飞手和 2 名配药师携带好药物及设备奔赴现场执行喷洒任务。他们仅用了 3 小时 20 分钟就完成了药物均匀地喷洒工作，高效的飞防作业让在场的农户无不点赞。

无人机喷洒农药具有成本低、效果好、药物可直达作物根部、省工省时等优点。麦海涛介绍，目前公司在岗员工 58 人，服务用户覆盖广东、贵州、湖南、江西、安徽等多省。其中，喷洒面积超过 500 万亩，航测、航拍里程超过 1 000 千米，带动就业超过 200 人。随着公司的发展，业务不断拓展，逐年购置不同功能无人机的数量将翻倍，直接和间接带动就业人数也将翻倍。

“麦海涛虽然是一名大二学生，但他已经是广州南洋理工职业学院服务三农的创业达人。”广州南洋理工职业学院信息工程学院院长的刘志方介绍，麦海涛创办的科技公司已经成为学校服务三农的创业先锋，树起了创新创业的标杆，铸就了服务三农的品牌。

资料来源：https://www.eol.cn/guangdong/gdzy/202106/t20210621_2125105.shtml

案例点评

麦海涛无意间看到的一则新闻，触动了他创业的决心。在创业初期，麦海涛虽然遇到了很多困难，但他采取了一系列有效措施予以防范和解决，最终把企业做大做强了。如今，由麦海涛团队研发的无人机喷砂农药技术应用到农业上，不仅有效解决了农作物病虫害的问题，而且带动了农村人口的就业率。

案例三　大三学生研发智慧消防，防患于未然

在安装了智慧消防系统的大楼里，如果有人掏出香烟，就会被摄像头精准识别，随后系统会发出“楼内不能吸烟”的语音提示。这种新型的智慧消防系统可以利用楼宇内已经安装的摄像头进行实时的视频识别，防患于未然，实现消防预警。该系统是沈阳工业大学软件学院大三学生王俊鳌创办的大连无域创想科技有限公司（以下简称“无域创想”）的一款主力产品，不仅拥有机器视觉烟火

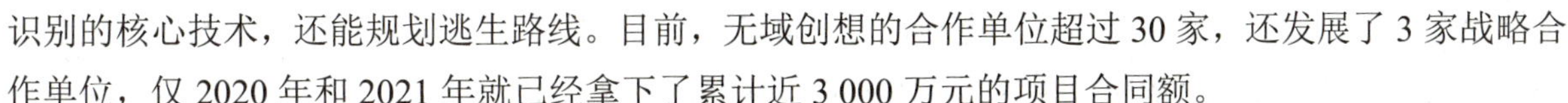

识别的核心技术，还能规划逃生路线。目前，无域创想的合作单位超过 30 家，还发展了 3 家战略合作单位，仅 2020 年和 2021 年就已经拿下了累计近 3 000 万元的项目合同额。

防患未然，决定创业

21 岁的王俊鳌走上研发智慧消防之路并非偶然，其家乡大连发生的一次火灾让他印象深刻："滚滚浓烟中，消防队员向火灾现场冲锋，居民连夜撤离。"

王俊鳌参加暑假社会实践，曾在工地当过弱电工程员。工作两三个月，攒了一点钱和经验后，他和几个工友出去接项目单干。一次安装监控系统时，他发现好多工人边干活边吸烟，烟雾在木头房梁上缭绕，烟雾传感器却并没有报警。

后来他了解到，消防分为不同的防火分区，为了防止误报，一般传统的消防策略是"两点报警联动"，两个烟雾传感器同时报警才判定是火警。但如果真有火警，等两个烟雾传感器同时报警时，往往已出现明火了。王俊鳌想："这种烟感报警系统只能亡羊补牢，我能不能用其他技术，防患于未然？"在和老师、同学深入交流后，他决定研发一款能够解决上述问题的技术系统。2018 年，王俊鳌选择休学一年，并在学校创新创业学院的支持和指导老师的建议下，吸纳校内和知名院校的优秀技术人才，组建专业的技术研发团队。

攻坚克难，不断尝试

智慧消防系统需要攻克很多难点：图像识别、路径规划……但让王俊鳌感到最棘手的还是数据负载能力问题。为了实现对建筑物的全方位消防监控预警，一栋大楼里会安装成百乃至上千个摄像头。摄像头增多之后，电脑对于数据的负载和处理能力有限，多摄像头同时识别就会产生延时，甚至出现服务器不能正常工作的情况。

"对于消防预警来说，每分每秒都很关键，毕竟时间不等人。数据的延时处理问题对于大楼的消防预警几乎是致命的问题，"王俊鳌说，为了攻克这个难题，他和研发伙伴不断尝试各种解决办法，"那段时间真是每天都在进行头脑风暴，想了无数个方案，好在最后通过升级调整等多种手段，终于将这块'硬骨头'啃下来了。"产品打磨得差不多后，王俊鳌怀揣着 11 项软件著作权和两项专利回到校园，注册成立了大连无域创想科技有限公司。

主动出击，抢占市场

为了让智慧消防系统踏入市场，王俊鳌主动出击，决定先从"赔本买卖"做起。他对建筑公司和商业楼等客户说可以免费试用他们的智慧消防系统，只需要装载软件即可。面对这样的"免费午餐"，对方大都会选择安装一个试试看。一般试用之后，客户就能感觉到这个系统的"智慧"。

最早试用智慧消防系统的一个木材厂老板就尝到了该系统带来的"甜头"。王俊鳌说："为木材厂安装好系统之后，过了半年，老板主动联系我，说这套智慧系统帮了他大忙。木材厂由于木屑、木渣堆积，一个小小的烟头就能引发火灾，在特殊的工作间吸烟甚至还有可能引起爆炸。工人偷偷吸烟有极大的安全隐患，自从安装了智慧消防系统后，只要一有人吸烟就能被该系统精准地识别出来。"

新冠肺炎疫情暴发之初，大连的一家医院为了安置隔离人员，着急建负压病房（病房内气压低于病房外气压的病房），需要安装独立的空气净化系统。由于公司有这个技术和设备，王俊鳌就毫不犹豫地报了名。他一个人带着设备和电脑，背着背包，住进了医院的传染病楼，一个人加班加点干了三天两夜，直到每一个病房都达到了要求的负压标准，才交接工作回家。

最近，王俊鳌正在进行火场内自主救援机器人及机器人配套的技术研发。他说："我们希望制造一个能够进入火场内部，与消防员进行里应外合灭火的救援机器人，它不需要人工操作控制，可以根据消防员下达的命令自主执行任务，以此减少火灾逆行者的伤亡。"

资料来源：http://zqb.cyol.com/html/2022-02/22/nw.D110000zgqnb_20220222_3-07.htm

案例点评

能够及时、准确地识别创业机会是创业成功的前提。好的创业机会必然具有特定的市场定位，专注于满足客户的某些需求，同时能为客户带来增值效果。王俊鳌在安装监控系统时发现，烟雾在房梁上缭绕，烟雾传感器却并没有报警。为了防患于未然，王俊鳌在与老师和同学交流后，决定开启自己的创业之路。最终，经过团队成员的不懈努力，他们终于研发了一款能给客户带来"安全感"的智慧消防系统。

第三节　认识大学生创新创业政策

理论导航

随着我国"大众创业、万众创新"热潮的蓬勃兴起，为了鼓励和支持大学生创新创业，国务院和地方各级政府、高校先后出台了许多支持和优惠政策，精简了若干事项的申请、办理程序，涉及金融贷款、场地、培训、指导、税收和学籍管理等方方面面。认知、理解和运用这些政策，对于青年大学生投身于创新创业实践，走好创业第一步非常重要且必要。

精选案例
JINGXUAN ANLI

案例一 政府政策助力返乡创业游子梦圆

政府政策助王涛实现创业梦

“甘叔，告诉你一个好消息，去年我们公司销售收入达到了280多万！”新年伊始，甘肃贝多芬农业科技有限公司负责人王涛第一时间把这份喜悦分享给了长期辅导公司的税务干部甘海民。

王涛是一名“80后”大学生。2014年，王涛响应国家“大众创业、万众创新”的号召回到家乡武威市进行自主创业，他先后搞过商贸，开过咨询代理公司，可一直没有太大起色。一次，武威市凉州区税务局金羊分局干部甘海民在上门辅导政策时知道了王涛的苦恼，随即建议道：“武威是一个农业城市，现在国家正大力发展现代化农业，优惠政策很多，正好你的专业也对口，何不考虑发展农业产业呢？”甘海民的话让王涛豁然开朗。

2015年，王涛开始和朋友合作种植娃娃菜、番茄、包心生菜、荷兰豆，产生了不错的效益。2016年，王涛多方筹集资金300多万元，成立了甘肃贝多芬农业科技有限公司，搞起了日光温室果蔬种植。

公司成立初期，王涛关注的只是产品的产量、销路和效益，对涉税法律法规和相关财税知识不甚了解，经常出现这样那样的涉税风险。甘海民得知情况后，主动进行跟踪服务，指导公司规范财务制度、规避涉税风险，辅导公司全面准确享受税收优惠政策，并积极帮助公司牵线搭桥向镇政府、农村农业局等部门争取农业项目和补助资金，很好地解决了公司从入门、立足到资金等方面的创业难题，如图1-2所示。

图1-2 税务干部上门为甘肃贝多芬农业科技有限公司辅导税收政策

经过几年的艰苦创业，王涛的公司建成了占地150亩的新型全钢架结构日光温室大棚42座，公司果蔬产品远销新疆、武汉等地，年销售额达到了近300万元。“几年下来，还清了300万元外债，每年纯收入固定在30万元左右，这在刚创业时是不敢想的。好在有党和国家的好政策和税务部门的一路扶持，让我从‘黄土地’里刨出了‘金疙瘩’！”谈起创业过程，王涛脸上洋溢着幸福的笑容。

政府政策助梁玉宁实现创业梦

大众创业、万众创新给了很多年轻人梦想和希望，而各项税收优惠政策和税务部门的优质服务则给了创业者们信心和底气，回乡创业的梁玉宁也是好政策的受益者之一。

毕业于甘肃农业大学的梁玉宁之前一直在天津圣惠生物科技有限公司从事蔬菜作物育种研究工作。2016 年，梁玉宁敏锐地抓住家乡武威全面推进设施农牧业及建设出口蔬菜基地的机会，毅然辞职回乡创业，在凉州区下双镇于家湾村流转土地 150 亩，成立了凉州区盛果种植农民专业合作社。

从合作社建立开始，武威税务部门就积极帮扶、全程参与，从经营场所、销售渠道等方面提出了很多建议，并对合作社应享受的各项税收优惠政策进行耐心细致地辅导，让企业对今后的发展充满了信心，如图 1-3 所示。

图 1-3　税务干部上门为凉州区盛果种植农民专业合作社辅导税收政策

仅一年多时间，盛果合作社就建成了高标准日光温室 40 座，尤其是全钢架有机立体无土栽培草莓技术的应用，填补了武威在该技术上的空白。现在，盛果合作社的年销售额达到 580 万元，拳头产品樱桃番茄源源不断销往重庆、新疆、广东等省市，每年带动就业 800 多人次，合作社社员累计分红 60 多万元。

“回乡创业非常不容易，好在国家的一系列减税降费政策帮了大忙，合作社基本不用缴税，而税务部门的服务也帮助我们驶入了发展的‘快车道’。无论是发票领用、税费减免，还是涉税疑难问题解答，只要我们有需求，总能在第一时间得到他们的回应。”梁玉宁如是说道。

如今，梁玉宁凭借技术优势成为当地农业现代化建设项目的致富带头人。他联合周边 4 家农民专业合作社和 58 家种植户成立的下双镇果蔬种植协会，采用“公司+合作社+农户”的集体发展模式，把优质蔬菜品种、种苗，标准化种植以及病虫害科学防治等各种技术无偿推广到下双镇千亩日光温室园区，并辐射到其他乡镇的 20 多家合作社、上千家种植户，带动基地周边农民向农业产业化工人转变，农户脱贫“造血”功能越来越强，产生了良好的经济效益和社会效益。

资料来源：http://www.gs.xinhuanet.com/gssw/2021-01/18/c_1126994277.htm

案例点评

为大力推进“大众创业、万众创新”，国家、地方出台了一系列相关扶持政策。这些政策的提出和实施在很大程度上为创业者提供了实质性的帮助。比如，王涛在创业初期，镇政府、农村农业局等部门给其公司提供了资金上的帮助，很好地解决了公司从入门、立足到资金等方面的难题。梁玉宁在创业初期也享受到了国家一系列减税降费政策福利，并且政府各部门在服务上也给其提供了很多的便利，让其公司的发展驶入“快车道”。

案例二　浙江大学生在三个领域创业可获 10 万元补贴

2022 年 2 月 17 日，国家发展改革委召开新闻发布会，介绍支持浙江省高质量发展建设共同富裕示范区推进情况。

浙江省人力资源和社会保障厅副厅长在发布会上表示，大学生从事家政、养老和现代农业创业，政府给予 10 万元的创业补贴；大学生到这些领域工作，政府给予每人每年 1 万元的就业补贴，连续补贴 3 年。

浙江的高校毕业生就业政策比较丰富，除了杭州市区，浙江省全面放开专科以上学历毕业生的落户限制，杭州的落户条件为本科以上学历。高校毕业生到浙江工作，可以享受 2 万元～40 万元不等的生活补贴或购房租房补贴。大学生想创业，可贷款 10 万元～50 万元，如果创业失败，贷款 10 万以下的由政府代偿，贷款 10 万元以上的部分，由政府代偿 80%。

此外，他还表示，大学生到浙江实习的，各地提供生活补贴。对家庭困难的毕业生，政府发放每人 3 000 元的求职创业补贴。

资料来源：http://jx.people.com.cn/n2/2022/0228/c186330-35152754.html

案例点评

随着高校毕业生数量的增加和就业形势的严峻，自主创业已经成为许多大学生的职业选择。但大学生面临资金不足、缺乏能力经验和创业环境等各种困境，自主创业往往以失败告终。为了鼓励大学生创业，浙江省政府出台了相关政策，为大学生创业者提供了资金方面的支持。

案例三　大学生创业获得支持，自主开发近 20 款轻奢文具

2022 年春节刚过，位于贵州大学校区内的贵州大学国家大学科技园逐渐热闹起来，由学生、老师创业的在孵企业（科技园区创业服务中心正在培育的企业）纷纷开工。从事轻奢文具制造的袁建也在积极和团队谋划公司新一年的营销工作。

袁建的创业想法源于国外旅游期间接触到的一些高端品牌钢笔。他发现这些钢笔不仅书写功能好，而且收藏价值也极高。袁建认为，如果将中国的非遗技艺与高端钢笔制造结合起来会有很好的市场。基于这样的想法，袁建和合作伙伴于 2018 年开始创业，贵州大学国家大学科技园就是他们创业梦起步的地方。

“在科技园里获得了不少支持，除了享有场租减免等直接经济优惠政策外，还获得了不少业务培训、市场咨询等服务，对处于孵化阶段的企业很有帮助。”袁建说，选择创业不仅是基于兴趣，更有赖于国家营造的良好创业氛围，以及高速发展的电商平台。

经过几年的发展，袁建和自己的团队建立了自主高端钢笔品牌。他们打造的钢笔产品将纯银雕刻、陶瓷制作、漆器工艺等技术融入其中，具有东方美学气质。如今团队已自主开发了近 20 款产品，备受市场青睐。

目前，在贵州大学国家大学科技园里，像袁建团队一样的在孵企业有 108 家，其中由学生创业的在孵企业就有 36 家。2021 年，贵州大学国家大学科技园入园企业产值约 1.7 亿元。

贵州大学国家大学科技园副主任王爱华介绍，科技园筹建于 2011 年，一直在不断成长，主要聚焦大学生创新创业、科技成果转化、高新技术企业孵化三方面的工作。

“科技园一直突出‘贵大特色’，更加侧重对本校学生、老师创业团队的支持，在场租减免、项目申报、增值服务等方面给予多元扶持，以帮助他们更好地成长。”王爱华说。

王爱华还表示，为鼓励支持大学生创业就业，各地相继出台了不少政策，为大学生创业就业营造了良好的氛围。作为国家大学科技园，目的就是持续推动国家政策落地，更加精准有效地服务大学生创业，让更多大学生在孵企业更好更快地成长。

资料来源：https://m.gmw.cn/2022-02/18/content_1302810294.htm

案例点评

当前，国家和各地方政府都对大学生自主创业提供了一些保障机制，如为有创业梦想的大学生提供免费的创业场地、提供无息贷款和其他增值服务等，这些政策使大学生创业风险大大降低。袁建及其团队之所以能创业成功，正是有赖于国家相关政策的支持。

创新资讯——2020 家居行业创新案例

1. TATA 木门：“量声定制”服务

TATA 木门推出的“量声定制”服务，是基于当下噪声污染的消费痛点，整合旗下众多静音产品而推出的定制服务。以现场噪声测量数据为依据，根据每个家庭及每位成员的不同需求，“量体裁衣”地为其提供精准的噪声解决方案。

例如，某用户需要安装 TATA 木门，TATA 木门负责人首先会派“量声定制”工程师上门，用分贝仪对用户室内外的噪声来源及大小进行测量。然后，工程师会根据测量结果为该用户组合定制静音窗、静音入户门、45°斜口静音门和静音墙板等四大产品。

2. 尚品宅配：打造新中式空间——“锦绣东方”

定制家居巨头尚品宅配与故宫宫廷文化携手打造了联名新中式空间——“锦绣东方”。其灵感来源于故宫建筑、文物中的文化元素，融入现代家居审美的简约，成为更受年轻人群体关注的新中式风格家居空间。

“锦绣东方”从色、材、型、纹、制、艺六大层面萃取皇家宫殿设计精髓与文化底蕴。色彩上，运用了紫禁城宫墙的朱红色作为整体空间中的点睛配色；材质上，将宫廷家具器物上的黄铜材质运用在吊篮及边框等配件上；造型上，选取宫廷服饰上的团纹、藻井等圆造型运用在屏风、装饰圆镜中，完美契合中国人对于家与团圆的理解；结构上，借鉴了宫廷多宝阁形式的柜体并进行现代化演绎；纹样上，网格纹化为玻璃柜门的白布纹路，寓意正直富有；配饰上，将《千里江山图》元素应用到配套软饰中，让整个空间更具文化感。如图 1-4 所示。

图 1-4 新中式风格家居空间“锦绣东方”

尚品宅配与故宫宫廷文化携手打造的联名新中式空间——“锦绣东方”，很好地点燃了中国人的故宫情结，将宫廷文化引入人们的家居生活空间，从一个全新的角度演绎了东方之美。

3. 爱空间：推动产业化工人模式

爱空间认为，对于标准化家装来说，除了产品和系统之外，最重要的因素就是“人”。只有将企业利益放在工人利益之后，改善这些“关键人物”的生活现状，从“人”开始，以“人”为本，解决工人“活不断、钱安全、有尊严”的问题，才能实现治标先治本，真正解决行业痛点。

据了解，爱空间从多个方面着力，推动家装工人通过“身份革命”从农民工成为一名工人；工人通过“技术革命”成为一名产业工人；产业工人通过“信用革命”最终蜕变成为一名信息化产业工人。

让工人拥有归属感、荣耀感的工作，不只是钱的事，更应该让他们看到自己的成长和未来。爱空间以客户为中心的理念，最终只有通过工人才能传递给客户。

4. 家和家美：首创红木透视检测

北京最大的红木专业卖场家和家美在某旗舰店上线，打通了线上线下销售渠道，一个辨别红木家具真伪的创新之举“透视检测”也应运而生。“像给人照 X 光片一样，将家具在专用设备前透视，就可以清晰地看到家具的材质、结构和工艺，红木家具是否造假一目了然。”家和家美总裁田耘表示，透视检测费用只需几百元，却能给红木家具保真，将给红木行业带来消费信心。

人们对于红木家具的消费，往往存在两个担忧：一是价格太高，买不起；二是真伪难辨，不敢买。开设家具体检（透视）中心，对红木家具进行透视检测，家和家美的初衷正是在于用简单的方式给红木产品保真，从而可以通过线上线下打通的方式，挤掉虚高价格，让红木家具进入寻常百姓家。

家和家美首创透视检测，为给自己销售的产品“保真”，对产品销售来说不过是“副产品”的创新，却将有力地打击红木家具造假行为，给整个红木家具行业点燃了新的希望。

5. 今朝装饰：打造适老体验馆

众所周知，随着我国快速进入老龄化社会，“适老化”的呼声越来越高，装修也是如此。如何让老人在家中安全、放心、健康的养老，成为家装行业的首要问题。

作为家装行业的领头羊、装饰行业的领跑者、老房装修专家，今朝装饰联合清华大学建筑学院周燕珉居住建筑设计研究工作室共同研发，历经240余天的精心策划，数十次设计方案的优化，各种建材的精选，从灯光到配色，从舒适到实用，从玄关、客厅、厨房、卧室、卫生间等（见图1-5～图1-8），全方位深度适老，专为现代中老年人研究设计、制定适老装修标准，并打造了一个适老体验馆。

图1-5　适老样板间客厅图

图1-6　适老样板间餐厅图

图1-7　适老样板间厨房图

图1-8　适老样板间卧室图

适老装修的设计原则是四通一平（空气通、视线通、声音通、路径通、地面平）与两多两匀（储藏多、台面多、光线匀、温度匀），适老装修的核心思想是以人为本、以生活为基础，为老年人打造一个安全温馨的家。

经过二十多年沉淀，如今的今朝装饰更多的是社会责任感，将“家情怀”“家文化”尽可能地融入每户家庭，满足百姓对美好生活的向往。

6. 海尔智家：智慧家庭体验馆

作为传统家电行业的翘楚，海尔始终站在时代与行业的发展前列，率先打造“海尔智家”品牌，整合了衣、食、住、娱等生活的各个方面，为用户提供了涵盖客厅、厨房、卧室、浴室、阳台等场景的全流程健康场景解决方案，真正开启通往健康生活的定制化入口。

目前，海尔智慧家庭体验馆已陆续落地全国各地，全面向消费者展示智慧客厅、智慧厨房、智慧卧室、智慧浴室、智慧阳台五大生活空间，全屋空气、全屋用水、全屋安防、全屋洗护、全屋视听、休闲娱乐、全家美食七大解决方案及众多智能家电产品，吸引了众多智能家电爱好者前来“尝鲜”，一度成为城市热门“网红打卡地”。

智能化是未来的发展趋势，但智能化背后的支撑首先是人文化。只有始终站在用户角度考虑，才能为用户提供无微不至的服务。

7. 居然之家：打造室内萌宠乐园

居然之家与 AOMO 奥摩动物乐园达成战略合作，在北京开了一家叫“MINIZOO • 快活岛”的室内动物园，据悉，这也是北京首家室内动物园（见图 1-9）。该乐园分为水族观赏区、鸟语林区、啮齿动物区、两栖爬行区、萌宠动物区、亲子游乐、书吧休闲等多个体验区，搭建互动场景、自然科普、益智游乐三大核心体验。

“MINIZOO • 快活岛”是居然之家继啵乐乐儿童主题乐园之后打造的又一萌宠主题乐园力作，该乐园集展示、科普、体验、零售于一体，居然之家希望打造一个全新的亲子娱乐圣地。消费者可以近距离接触珍稀动物，部分萌宠还可以抚摸、互动，如图 1-10 所示。

图 1-9 MINIZOO • 快活岛

图 1-10 消费者与萌宠互动

此外，“MINIZOO • 快活岛”还配套设置了休闲区域和儿童科普教育区域，提供各种儿童图书，寓教于乐，培养孩子的爱心、责任心和兴趣爱好。

未来的实体商业是跨界的、具有体验性的，居然之家以家居实体店连锁发展为核心，实现线上与线下融合、“大家居”与“大消费”融合及产业链上下游协同融合。

8. 伯艺木门：首创圆角门，开辟木门新品类

油漆门、水漆门、免漆门、无漆门、德式 T 型门、北欧简约门、中式门、嵌入门、平板门、实木门、实木复合门、板木门……如此多的木门品类，永远是一副方方正正的古板形象。伯艺木门将门上的一个方角切成一个半圆，打破方正呆板，形成方圆和谐，开创了一个全新的木门新品类——圆角门，成为“木门行业的划时代之作”。

首先，它颠覆了人们对于传统木门的固有印象，结合当下设计趋势，将顶部直角处优化成圆，含天圆地方之意，寓意圆满；其次，在色彩方面，它利用光与影的表达效果，使木门在不同的时间与光线下，颜色、深度呈现不同维度的变化，完美演绎早安、午安、晚安的浪漫情怀。

9. 欧派家居：启动云考察工厂

面对疫情冲击，2020 年 4 月 14 日，欧派家居工程因势而谋，主动出击，携手采筑电商平台（第三方服务平台），开启了云考察直播之旅，深入工厂核心，输出专业报告，全方位展示企业生产、研发、质控、项目案例等，以实现采购方足不出户即可完成深度考察的需求。

通过此次的云考察，欧派家居展现了其强大的产品研发、工艺创新能力和大规模非标定制生产能力。也是通过这次云考察，让采购方和网友直接感受到欧派家居从研发、生产、测试等各个环节的品质把控，这些都为欧派家居产品提供了扎实的高品质保障。

对一个企业来说，产品质量就是生命线，历经 26 年的发展，欧派家居已经努力探索出一种具有欧派特色的大规模非标定制产品的制造模式。

资料来源：http://www.enet.com.cn/article/2020/0518/A202005181138644.html

第二章

创新与创新素养培养

第一节　创新意识与创新精神

理论导航

创新意识是指人们根据社会和个体生活发展的需要，引发创造前所未有的事物或观念的动机，并在创造活动中表现出的意向、愿望和设想。它是人们进行创造活动的出发点和内在动力，是创造性思维和创造力的前提。

创新精神是指能够综合运用已有的知识、信息、技能和方法，提出新方法、新观点的思维能力和进行发明创造、改革、革新的意志、信心、勇气和智慧。它是一种勇于抛弃旧思想、旧事物，创立新思想、新事物的精神。创新精神的内涵包括推陈出新精神和科学精神。

案例一　一枚小小的试纸条解决了无药可治的柑橘黄龙病

“一枚小小的试纸条，就可以帮助整个果园抵御柑橘黄龙病的侵袭。”由南开大学药学院学生牵头组建的创新创业团队“橙心橙意”，致力于柑橘病害快速早检测技术研发，让果树尽早远离病害侵袭。从2019年开始，他们的这项技术在赣南多个苗圃基地和千亩脐橙果园进行应用，守护住了这片带来致富希望的“橘海”。

缘起：社会实践

江西省赣州市是我国最大的脐橙主产区，脐橙种植面积位居世界第一，脐橙年产量居世界第三，脐橙种植是当地的支柱产业，一大批农民通过种果实现脱贫致富。

“橙心橙意”团队与柑橘产业结缘，始于2015年南开大学组织开展的暑期社会实践活动。当时，团队成员前往赣南老区，在兴国县、于都县等地调研走访中，队员们了解到赣南地区果园正饱受一种名叫黄龙病的病害侵袭，如图2-1所示。

图2-1　南开学生团队在与橙农交谈

黄龙病传染速度极快，一般4～5个小时就会使其他果树感染。而且这种病无药可治，果树一旦染病，只能通过砍除来止损。

2013年以来，由于黄龙病的暴发，赣南地区柑橘的产量和质量均受到了严重的影响，部分脐橙高产区甚至减产一半左右，随处可见连片的果园被整体砍除，每年仅由黄龙病导致的直接经济损失就高达20亿元，不少果农也因此负债累累。

看着果树被全部砍伐的场景，大学生们痛心不已。他们设想能够利用自身所学，治治这可恶的黄龙病，让果农不再受伤。

攻关：锁定快速早检测技术

2016 年至今，“橙心橙意”团队成员往返于赣南老区的果园和学校的实验室之间，开展调研。在无数次的研讨之后，团队将目标锁定在黄龙病的快速检测与诊断上。“因为黄龙病无药可治，如果在果树染病初期就能被及时地检测出来，并将其树砍掉，就能避免大范围的传染。这就要求检测技术速度快、介入早，同时还能用于大规模检测。”团队负责人张晨说。

找到关键问题后，就要集中全力攻关。2017 年开始，“橙心橙意”团队花了两年多的时间，自主研发了分别针对苗圃幼苗和稳产区果树柑橘黄龙病、衰退病、碎叶病的多款新型检测产品，其中包括一款已申请国家专利技术的胶体金检测试纸。

“与传统检测手段相比，我们的产品优势巨大。检测价格从每株 300 元降低至每株 5 元，检测时间由原来的 5～6 小时缩短至 20 分钟，可将抽检率提高近百倍。农户在果园就可以实现低成本大批量的检测，大大提高了防控效果。”团队成员宋欣说。

2019 年 7 月，“橙心橙意”团队和学院的老师们带着优化后的第一代检测产品前往位于赣南的国家脐橙工程技术研究中心进行实地测试。同时，在团队、学校、当地政府和相关部门的共同推动下，“柑橘黄龙病综合检测方案”最终落地实施。当年就为 423 户果农开展了免费的实地检测，累计从 24 000 棵果树中检出了 200 棵病树并进行及时干预，避免了直接经济损失 100 余万元。

“当收到当地果农和乡政府给我们的感谢信时，我们觉得所有的努力付出都是值得的。”张晨说。

未来：撑起柑橘产业“防护网”

从 2017 年到 2020 年，团队成员在研发过程中虽然经历了一次又一次的实验失败，但每位成员都没有停下他们研发的脚步。经过两年多的艰苦研发，他们的产品实现了从无到有的突破，团队成员的科研水平也在不断地提升。

2020 年 12 月，“橙心橙意”团队在第十二届“挑战杯”中国大学生创业计划竞赛中斩获国家银奖，在第六届中国“互联网+”大学生创新创业大赛“红旅赛道”中获得国家铜奖。

在实践过程中，团队逐渐形成了依托国家重点实验室和国家脐橙中心科研优势，面向政府、植保站、苗圃基地以及果农，推广精准识别患病果树检测方案的服务模式。未来，他们希望把这套检测方案复制到中国南方更广阔的柑橘种植区。

“我们的愿景就是将自己所学化作一张张‘防护网’，用农业科技守护柑橘产业，为老区人民在致富的道路上保驾护航。”张晨说。

资料来源：http://news.youth.cn/gn/202101/t20210113_12662908.htm

案例点评

从以上案例可以看出，“橙心橙意”团队在实践活动时，了解到赣南地区果园正饱受一种黄龙病侵袭，为了达到预防的目的，该团队花了两年多的时间，自主研发了多款新型检测产品。这些新型检测产品不仅为农户避免了直接的经济损失，得到了农户的认可，而且也使得团队成员的专业技能得到了提升。由此可见，大学生应积极地参加实践活动，只有在实践中，才能让自己的创新意识、创新能力得到真正的发展。

案例二　红枣变咖啡——大学生村官创新助农

在互联网经济的冲击下，红枣销售市场受到严重影响，传统红枣已经无法达到销售要求。为了将村里的红枣卖出去，为村民增收，陕北榆林神木市大学生村官张亮对全国红枣产品市场进行了深入的调查。最终，他想到一个将陕北红枣与东南亚白咖啡结合的办法。为了能够研发出适合中国人口感的特色咖啡，张亮与相关的科研机构进行合作实验，最终做成了一款红枣咖啡，并将其正式命名为“曼乔咖啡”，如图 2-2 所示。

“在研发初期遇到了很多困难，用了两年的时间才将枣汁变成枣粉。”张亮说，当时找了很多专家进行指导，尤其是技术攻关方面，做了很多努力。在研发时注重红枣原料的使用，同时也注重国人的口感，最终让红枣的价值高出数十倍。后来，张亮还将红枣与沙棘结合，将红枣做成浓缩红枣汁，如图 2-3 所示。

图 2-2　原创精品红枣咖啡

图 2-3　红枣与沙棘果汁饮料

张亮就是想把陕西的红枣做成中国的新时尚高端食品，通过这样的创新方式架起与年轻消费群体联系的桥梁，让更多人认可陕西红枣。同时，张亮也希望让陕西红枣咖啡品牌带动沿黄经济带的高质量发展。

现在，红枣咖啡面向全国开启了电商销售模式，越来越多的陕北人也将这款本地生产的咖啡作为“伴手礼”送给亲朋好友。对于陕西神木的枣民来说，他们的红枣再也不愁找不到买家，他们会把自家的红枣全部供应到张亮的红枣咖啡生产基地，昔日卖不出去遍地扔的红枣又重新变成了“香饽饽”。

2020 年 12 月 12 日，在西安推介会和形象大使选拔赛上，张亮说，他希望将这款陕西特色咖啡推广到全国各地，打造成“国民咖啡”，让红枣咖啡成为“陕西最美伴手礼”，让更多陕西枣民增收致富。

资料来源：https://www.sanqin.com/2020-12/12/content_8806455.html

案例点评

新思想、新技术的投入让原本普通的红枣摇身一变，成为集时尚、休闲、健康于一体的高品质咖啡，这不仅盘活了陕北的红枣产业，也让当地枣农看到了新希望。这则案例告诉我们，在生活中，我们不应该满足于现成的思想、观点和方法，要经常思考如何在原有基础上创新发明、推陈出新。只有善于思考，才能不断地发现问题，进而解决问题。

第二节　创新思维与创新能力

理论导航

创新需要创新思维和创新能力。创新思维是一种有创见的思维，即人脑对客观事物的未知成分进行探索的活动，是人脑发现和提出新问题，设计新方法，开创新途径，解决新问题的活动。常见的创新思维形式包括：逆向思维、发散思维、集中思维、联想思维、逻辑思维和灵感思维等。

创新能力也称为创造力，特指创造者进行创新活动的能力，也就是产生新想法和创造新事物或新理论的能力。创新能力可以通过不断学习、练习和实践激发出来。

案例一　巧移“钟王”

北京大钟寺有一座号称钟王的大钟，重达 8 万 7 千斤。这是明朝皇帝朱棣为了防止民众造反，派军师姚广孝收集老百姓的各种兵器后铸就的。不知什么原因，这口大钟沉到了西直门外万寿寺前面的长河（即动物园和北京展览馆后面的那条河）河底。

一百多年后的一天，一个打渔的老汉发现了河底埋的这口大钟。清朝皇帝得知此事后，下令将这口钟打捞上来，并挪到觉生寺（即现在的大钟寺），然后再修建一个大楼来悬挂这口大钟。从河底把大钟打捞上岸虽非易事，但经过一番努力，总算克服了困难。然而，要把这 8 万 7 千斤重的大钟挪动到五六里地以外的觉生寺去，谁也想不出一个可行的办法来。钟是夏天捞出来的，到秋天还没有人想出主意。

有一天，参与此事的一个工头和几个工匠在工棚里喝闷酒。工棚内只有一块长长的石条当桌子，大伙就围坐在石桌旁。这时天正下雨，从棚顶上漏下来的雨水滴了不少在石桌上。坐在石桌这一头的工匠叫坐在另一头的工匠给他倒一盅酒。酒倒好后，由于手上有水，在传递时没留神把酒盅给弄翻了，引得大伙连声抱怨："太可惜了！"这时，一个工匠很不耐烦地说："何必用手传呢！石桌子上有水，桌子是滑的，轻轻一推不就推过去了。"一个坐在旁边的平时很少说话的工匠沉思了片刻，突然拍了一下石桌子，大叫起来："有啦！有啦！挪动大钟有办法啦！"这个工匠联想到的办法是：从万寿寺到觉生寺，挖一条浅河，放进一、二尺深的水，河里的水结冰后，不用费多大力气便能将大钟从冰上推走。后来，他们就是采用这个办法将大钟从万寿寺挪到了觉生寺。

资料来源：http://blog.sina.com.cn/s/blog_14b1c793f0102x8nr.html

案例点评

大钟虽然比酒盅要重很多倍，但它们都是"在光滑平面上不用多大的力气就能推走"的。在这一点上，它们遵循着共同的物理规律，有相同的力学基本原理。因此，两者有相似之处。案例中的这个工匠就是运用了思维联想的方法，解决了挪动大钟的难题。

案例二　大学生运用创新思维，让"老行当"生新"钱景"

家政保洁服务对于许多市民来说并不是什么新鲜事物，但看似简单却不简单，大学生诸云云另辟蹊径走起特色路线，白手起家创办了南京老男孩家政服务有限公司。

毕业于南京铁道学院的诸云云在读大学时就不断尝试在各行业"掘金"，偶然一次去给雇主做保洁的时候，发现了家政行业的缺口。诸云云说，当时还没有提出"互联网+"的概念，但是他脑海中已经有了要搭建一个方便雇主、保洁员和公司三方联络平台的想法。优先引入线上是他创业成功的一大关键。

网站成立一个月后，诸云云收到了第一笔订单。"传统家政业还处在等客模式，我做过销售，知道干等远不如自己跑。"诸云云坚持自己跑客户、跑市场、做调研。令他没想到的是，在跑市场的过程中，他发现除了做家政服务外，还可以承担物业外包。物业外包可带动家政服务发展，家政服务能促进业主的满意度，如此便形成了良性循环。

诸云云先后在南京建立了 6 家连锁店。短短几年的时间，他的连锁企业已经拥有家政服务人员 1 万多人，物业外包服务人员 200 多人，承接物业外包项目 48 个，年总服务业主 5 200 多户，总营业额 650 多万元。

资料来源：http://js.people.com.cn/n2/2020/0518/c360303-34023953.html

案例点评

创新可能来自一瞬间的灵感迸发，但这一瞬间的灵感是之前长期积累、艰辛探索、冥思苦想的结果。把灵感变为实实在在的创新成果，仍然需要艰辛探索、不懈努力。

从以上案例可以看出，诸云云读大学期间在各行业的“掘金”，为其偶然间发现家政行业的缺口奠定了基础。诸云云在发现家政市场的缺口后，通过跑客户、跑市场、做调研，开辟了家政服务市场的新大门。由此可见，只有把创新思维与创新实践紧密结合起来，才能把创业推向一个新层次、新水平。

案例三 创业大学生张焱种出“文玩玉米”

除了食用、做饲料，玉米还能用来做什么？在山西晋中国家农业高新技术产业示范区，创业大学生张焱培育出了一种可以把玩的“文玩玉米”。

其实张焱和玉米结缘纯属偶然。某年，张焱接手了一个农光互补项目（是指棚顶太阳能发电，棚内发展农业生产的新型发展模式），由于项目需要，光伏板下必须种植矮化农作物。当时，他选取了一种矮化的爆裂玉米。虽然这种玉米吃起来口感很差、个头还小，但其颜色丰富、颗粒饱满、玉润通透。张焱突发奇想，决定给玉米安装配件、加固、编织、上油，将其做成可以把玩的玉米，“文玩玉米”由此产生，如图 2-4 所示。

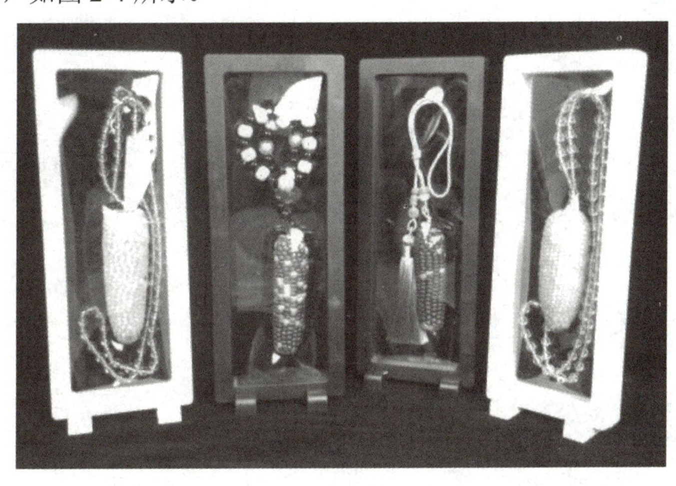

图 2-4 文玩玉米

张焱刚开始做“文玩玉米”的时候并非一帆风顺，第一代产品在上手一段时间后出现了脱粒的情况。为了使产品体验感更好，张焱便在产品加固和种子改良上下起了功夫，他专门筛选个头较小、米粒紧凑、颜色好看、水分较少的品种。经过几年的杂交育种，张焱改良的爆裂玉米紧凑度明显提升，且成熟后的玉米含水量降低了，脱粒的现象也明显改善了。

产品成熟后，张焱开始对“文玩玉米”进行宣传推广。根据不同品相，单个“文玩玉米”的售价在数十元到数百元，乃至数千元不等，几乎把玉米卖出了“天价”。为了不断扩大种植规模和种植面积，张焱采用“公司+合作社+农户”的形式全面收购爆裂玉米，并指导农户加工制作，直接带富了百余户农民。

目前，该品种玉米的种植范围已拓展至河北、陕西、甘肃等7个省份，种植面积也超过了500亩。据测算，农户种植“文玩玉米”，每亩收入在6 000~8 000元，是种植普通玉米收入的3倍以上。下一步，张焱打算继续改良玉米品种，提升玉米附加值，依托科技引领，把“文玩玉米”打造成一个全新产业链，也让更多农户从中受益。

资料来源：https://www.zhizhigu.com/daxuesheng/1127.html

案例点评

张焱通过培育和改良玉米品质，不仅提升了玉米的附加值，还让玉米成了文玩界的新宠，从而增加了产品的收益。所以，只要勤于观察、思考并勇于为之付出行动，就能获得意想不到的财富，从而使自己在创业的道路上走得更远。换个角度看，一个企业想要获得长足的发展，只有持续打造创新品牌，不断提高产品附加值，才能不断开发新需求、引导新消费、引领新发展。

第三节　创新方法

理论导航

生活中，我们常常感叹自己被习惯性思维、条条框框等所约束，不能想出有创意的想法。其实，创新也讲究一定的方法，掌握这些方法，再通过一定的练习，便能有效提高创新能力。创新的方法包括：头脑风暴法、奥斯本检核表法、5W2H分析法、组合创造法、分析列举法等。

案例一　湘潭大学生创新传承湘潭纸影戏

湖南科技大学的一群“00后”大学生迷上了历史悠久的湘潭纸影戏。他们不仅乐于学习传统影子戏，还能巧妙地把湘潭纸影戏和现代流行元素结合，用创新的方式传承非遗文化，让传统纸影戏在现代灯影中流光溢彩。

2021 年 11 月 8 日，湖南科技大学建筑与艺术设计学院工业设计系的一间工作室内，胡杏子、张哲亮、张浩男等 10 多名同学正在设计制作红色故事、真人秀、现代舞蹈等主题的纸影戏影偶。只见同学们用刻刀一笔一画刻出不同人物造型的各个部位，再组合装配，最后安装操控杆，一个个造型优美、活灵活现的现代人物纸影戏影偶便呈现在我们眼前。

“我去年在做文化调查时接触到了湘潭纸影戏，湘潭吴氏纸影戏第 22 代传人吴渊精湛的表演和纸影戏中包含的传统元素吸引了我。”产品设计专业的学生张浩男说，他在调查中发现，普通人接触纸影戏的机会不多，湘潭纸影戏要得到更多的人认可和支持，必须创新。张浩男在向吴渊学习纸影戏人物造型特征及制作后，便开始运用自己所学的专业知识，巧妙地将非遗文化融合到产品之中，制作湘潭纸影戏与体验材料包。

“湘潭纸影戏体验包有一个抽屉式的包装盒，打开包装后，里面有影偶的材料和部件，这些全部是模块化的设计，使用时就像拼积木一样，通过自由组合，做出不同人物造型的影偶，玩的时候不需要像传统纸影戏一样使用灯具，而是把手机放置在包装盒中打开照明，操控影偶，就可以营造出传统的纸影戏气氛。”张浩男告诉我们，湘潭纸影戏体验包的使用不受限于人物、场地和时间，好戏能随时开场，可以让更多的人尤其是青少年感受传统文化魅力，也可让非遗文化变得更时尚。

艺术设计专业的学生胡杏子在一次“非遗文化进校园”活动中迷上湘潭纸影戏。2021 年，她考上研究生之后，就把研究方向定在传统纸影戏上。胡杏子曾经在国内一家著名网站做过交互设计师，现在她正在设计湘潭纸影戏 App，这个 App 有纸影戏影偶换装变脸游戏、非遗答题、纸影戏体验制作课程等内容。“这个 App 可以增强湘潭纸影戏的体验感，帮助更多人了解非遗文化。”胡杏子说。

与张浩男、胡杏子一样，工业设计系还有 20 多位同学迷上了湘潭纸影戏，并予以系列创新，有的为湘潭纸影戏设计了精美的钥匙扣、台历等文创产品，有的将现代人物、电视卡通人物形象制作成了影子戏影偶进行表演。大学生创新传承湘潭纸影戏的举动，获得了湘潭纸影戏传人吴渊的赞许和支持。吴渊认为，同学们把湘潭传统影子戏与现代元素进行了巧妙结合，是对传统非遗文化的传承和发扬。

资料来源：https://wap.peopleapp.com/article/rmh24790289/rmh24790289

案例点评

非物质文化遗产（以下简称“非遗文化”）是中华优秀传统文化的重要载体与表现形式。随着时代的发展，对于非遗文化，我们应该有创新的继承与发展。案例中的大学生运用异类组合法，巧妙地把湘潭纸影戏和现代流行元素结合，使得非遗文化变得更时尚、更有魅力。这一创新手法体现了大学生对传统非遗文化的传承与创新。

案例二　宁波一群大学生发明智能分类垃圾桶，灵感来源于自动售货机

相信很多人都遇到过这样的困扰，自从实行了垃圾分类，手上的垃圾如何进行正确分类是一件头疼的事情。“如果垃圾桶能自己分类就好了”这可能是大部分人都会有的想法，宁波财经学院的一群大学生把这个想法变成了现实。他们设计了一款名为“绿蚁乐投”的智能分类垃圾箱，虽然该垃

圾箱从外观上看和路边普通的简易分类垃圾箱无太大区别，但它却有着普通垃圾箱没有的功能。

该垃圾箱只有一个投递识别口，人们只需要将垃圾投入识别口，垃圾桶就会自动开启扫描识别，将垃圾投放到所属的分类中，经试验，该垃圾桶进行垃圾分类准确率达到了 81%。此外，垃圾桶上还有流量检测系统，桶内垃圾投放量达到 80%指示灯会就会显示红色，以避免用户过度投放。整个垃圾桶主要由内置太阳能蓄电池提供，保证系统的正常运行。

余见烙是这款智能分类垃圾桶研发团队的负责人，就读于宁波财经学院金融工程专业，“绿蚁乐投”智能分类垃圾桶的灵感就源自他的一次自动贩卖机购物体验。“我当时就想，贩卖机可以自动递送商品，如果反着来，我们给垃圾桶送东西，让垃圾桶自动分类回收，是不是也可以呢？”余见烙说。自此，研发一款智能回收垃圾桶的想法在余见烙的心里生根发芽。

2017 年，余见烙带着智能分类垃圾桶的项目，抱着试试看的想法报名参加了校内的创新创业大赛，没想到获得了二等奖。这给了他很大的鼓舞，学校商业模式实验室的负责老师葛云峰看了余见烙的项目后鼓励他组建团队，将产品研发落地。

余见烙找到了就读于电气自动化专业杨克锟，两人一拍即合，开始着手研发垃圾桶。没有团队，他们就四处搜罗“大神”，并很快组建起了一支 12 人的团队；没有资金，余见烙拿出了自己存了几年的压岁钱和兼职攒下的工资。

很快，一个很现实的问题摆在团队面前——产品到底往哪个方向研发呢？余见烙又陷入了沉思。他和团队成员进行了多次实地调研，并查阅了大量的资料。令他们惊喜的是，目前中国市场虽然已经有很多样式的智能垃圾桶，但这些智能垃圾桶都是针对小区内垃圾研发的，目前还没有一款专门针对街道垃圾的垃圾桶。于是，余见烙和其团队成员经过商议，决定研发一款专门针对街道垃圾回收的智能垃圾桶，如图 2-5 所示。

图 2-5　智能垃圾桶

生活小区产生的垃圾最主要的是厨余垃圾和包装盒等大块件垃圾，而街道上一般都是奶茶包装袋、面巾纸等小物件。垃圾种类不同，技术要求也不同。最难的是产品的控制系统——单片机系统的设计。由于选择了国内相对空白的领域，加之技术团队都是在校学生，没有足够专业的技术和实践经验，产品的技术攻克成为项目推进的最大阻力。他们埋头研究了两个月也没有任何进展，团队的士气跌到谷底，几度想要放弃。

葛云峰老师非常看好他们这款产品，在得知他们遇到困难后，主动帮他们联系了技术专家。团队成员依据技术专家给出的建议，重新设计了单片机，更改了数据库。2018 年 11 月，他们终于做出了第一台样机，并在 2019 年 2 月成功申请了一项新型实用专利。

目前，该智能垃圾桶主要放在校内主干道和在杭州一家校区物业办公楼区，从试点结果看，效果还不错。关于未来，余见烙打算换下整个校园甚至宁波市某个区的垃圾桶，甚至开一个垃圾处理厂，对垃圾进行无公害处理。

资料来源：http://zt.cnnb.com.cn/system/2019/07/18/030069406.shtml

案例点评

垃圾分类政策虽然已经实行了很长时间，但还是有不少市民不会区分垃圾类别，为垃圾该进哪个垃圾桶而犯愁。余见烙及其团队成员为了满足市民准确分类垃圾的这一需求，提出了发明智能垃圾桶的想法。他们经过前期的调研及后期的实践，终于研制成功了这款智能垃圾桶。

从这个案例中我们可以看出，想要实现创新，首先要能够从需求和愿望出发，提出构想并为之付出行动，然后才能产生满足需求的实用型发明。

创新资讯——以创新思维改造老旧小区

为全面推进城镇老旧小区改造工作，国务院办公厅印发了《关于全面推进城镇老旧小区改造工作的指导意见》(以下简称《意见》)，《意见》中指出了以下工作目标：① 2020 年新开工改造城镇老旧小区 3.9 万个，涉及居民近 700 万户；② 到 2022 年，基本形成城镇老旧小区改造制度框架、政策体系和工作机制；③ 到“十四五”期末，结合各地实际，力争基本完成 2000 年底前建成的需改造城镇老旧小区改造任务。

推进城镇老旧小区改造，是重大民生工程和发展工程，可以“一箭双雕”，对于落实好“六稳”“六保”意义重大。其一，老旧小区变得既好看又宜居，正是满足人民群众对美好生活的向往；其二，老旧小区改造涉及面广，一方面硬件改造能够带动相关原材料、设备类的需求，推动制造业发展，另一方面运用市场化方式吸引社会力量参与软件升级，增强和优化养老、托育、社区医疗、家政保洁等服务供给，也能够释放内需潜力，并促进就业。

此次《意见》一个很大的亮点在于，以创新思维推动居民参与老旧小区改造的全过程。首先，在改造资金方面，提出要建立政府与居民、社会力量合理共担机制，推动居民出资参与改造，并指出可通过直接出资、使用（补建、续筹）住宅专项维修资金、让渡小区公共收益等方式落实。其次，在改造实施方面，提出要健全动员居民参与机制，利用“互联网+共建共治共享”等线上线下手段，开展小区党组织引领的多种形式基层协商，主动了解居民诉求，发动居民积极参与改造方案制定、配合施工、参与监督等。最后，在改造成果的维护方面，提出要完善小区长效管理机制，建立健全基层党组织领导，社区居民委员会配合，业主委员会、物业服务企业等参与的联席会议机制，引导居民协商确定改造后小区的管理模式、管理规约及业主议事规则。

怎样最广泛地动员居民参与其中，成为摆在治理者面前的课题。从各地的实践来看，搭建好沟通议事的桥梁，让居民的声音“听得到”“看得见”，是有效的方法之一。这也是因地制宜、精准施策的重要基础。例如，广州天河一小区就成立了以居民为主的建管委，并推选出党小组长、楼栋长，与街道和居委会等一起向居民征询意见，同时采取先做样板、居民普遍认可后再逐栋实施的方法推动改造，极大地调动了居民的积极性。此外，社会力量在参与提升老旧小区物业管理和公共服务水平的同时，也可以吸纳更多的当地居民就业，从而与社区实现良性互动，增强居民的认同感。

城镇老旧小区改造关系着千家万户的切身利益，需要充分地集民意、汇民力、聚民心，这样才能形成强大的合力，让发展更有质量，让人民更有获得感。

资料来源：http://www.xinhuanet.com/comments/2020-07/21/c_1126263986.htm

第三章 创新发明与创新成果保护

第一节　开展创新发明

理论导航

一般而言，发明是应用自然规律解决技术领域中的特有问题而提出创新性方案，以及为实现这一技术方案所应用的措施和最终成果。也就是说，发明是一种技术方案，必须包含技术创新、必须利用自然规律。发明的类型包括专利发明和非专利发明、物品发明和方法发明、简单发明和复杂发明、独立发明和协作发明、创建型发明和完善型发明、生活资料发明和生产资料发明、自然科学发明和社会科学发明等。

发明的过程是指发明活动所普遍存在的典型过程，它反映了发明活动的规律性。发明过程一般都需经过以下几个阶段：① 发现问题，选择方向；② 分析问题，提出初步解决方案；③ 优化方案；④ 发明实施。

案例一　内蒙古 19 岁女大学生发明“可调式马鞍”获国家专利

来自内蒙古自治区的 19 岁大一学生韩欣宜发明了一种“可调式马鞍”，获得了国家实用新型专利。这项专利发明的创意源于她在夏天的一次草原骑马经历。在骑马场内休息时，她发现很多游客在骑马时想带孩子一起驰骋草原，然而，传统马鞍大小是固定的，只能供单人使用，如果多加一个孩子就特别不方便，而且还有一些身材偏胖的人，马鞍的尺寸对他们来说也很不舒适。看到眼前的景象，韩欣宜脑海中萌生了一个想法，她要做一款可以调节大小的马鞍，来改善骑马项目的体验感。

有了这个想法后，韩欣宜就开始想办法去实现。某天，她和几位同学一起去溜冰，当她看到冰场上的孩子都穿着可调节尺寸的溜冰鞋时，她的灵感突然被激发了。她当时就想，如果马鞍能借鉴溜冰鞋的原理，在传统马鞍底部安装滑轨，是不是也可以调节马鞍的大小，如图 3-1 所示。

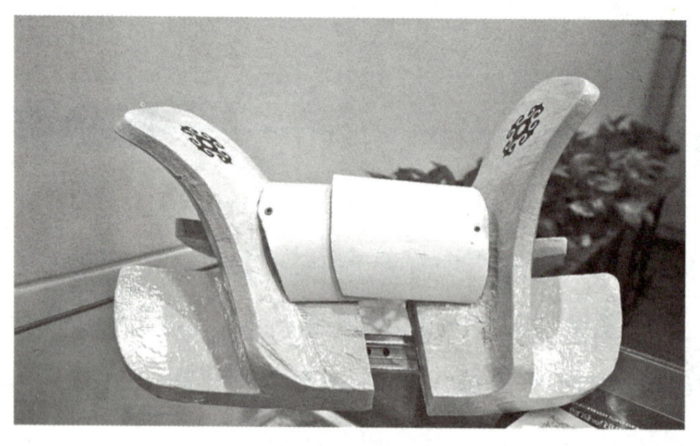

图 3-1　可调节马鞍

按照这个思路，韩欣宜开始着手创作，从设计制作方案，到选材料，再到最终制作出成品，前后共历时两个多月。“之前觉得只是装个滑轨，很简单，装完后才发现马鞍底部凸出两根滑轨，根本卡不住马背，我又全部拆掉，在马鞍底部抠了两个凹槽，重新安装滑轨。”韩欣宜说，许多创意设计往往是理想化的，只有实际动手操作，才知道存在哪些问题，从而不断完善和优化设计。

资料来源：https://news.sina.com.cn/o/2018-11-30/doc-ihmutuec5063427.shtml

案例点评

韩欣宜在传统马鞍的底部安装了一个滑轨，从而将传统的、不可调节大小的马鞍改造成了一个可以调节大小的马鞍，这一创新发明可以优化游客的骑马体验感。由此可见，利用和借鉴前人成果，在他人现有技术成果的基础之上作出改进，也是一种创新发明。

案例二 大学生发明“自动一体式超市收银机”获专利

2017 年，武昌理工学院商学院的一名大二学生丁思伟发明的“自动一体式超市收银机”，获得了国家实用新型专利证书。

丁思伟说，他的发明想法来源于之前在超市的一次购物经历。在购物后，他排了很长时间的队等待付款，无意间他看到超市旁边有人用自动售货机买东西，付款、出货都很快。他便想要是收银也如此智能，那便可以提高超市的收银效率，就能节省排队的时间了。于是，他把创意写在图纸上，每天对图纸不断地改进，并找来专业的制图人员制图，完成后提交了专利申请书。

据了解，该实用新型收银机通过设置扫描通道来实现对于商品条码的自动扫描，从而大大提高了超市的收银效率，降低了收银员的劳动量和出错率；在扫描通道的入口处和出口处均配置有扫描仪，两个扫描仪可对商品进行初次扫描和二次检查，从而防止商品漏刷的情况发生；当两个扫描仪均未识别出商品的条码时，收银主机便会通过电源控制器制动输送带，并且报警灯亮起，提醒收银员取出商品进行手工录入。

丁思伟说：“超市越来越多，而且现在是智能时代，我想把这种发明运用到生活中去，从而改变人工收银方式，让人们的生活更便捷。”

资料来源：http://www.cnr.cn/hubei/bk/kj/20171013/t20171013_523985234.shtml

案例点评

提到创新，人们理所当然地就与高科技、尖端技术、高端研发、先进武器等联系在一起。其实创新是和人们的生活紧密联系的，创新不仅仅指高科技，日常生活中的小发明、小创造，乃至好的制造等都是创新。因此，我们只要仔细观察生活中的事情，认真思考生活中的一些小细节，掌握了创新发明的一般方法，再结合学过的基础知识，就会发明出许多有创意的东西。

案例三 大学生发明“新型马桶”颠覆想象

在装修时，最让人头痛的就要属卫生间了。因为当卫生间的空间过于狭小时，洗澡的时候总会把马桶弄湿，因此，很多人都会选择在卫生间里做一个折叠的屏风，在洗澡时将屏风展开，不洗澡时便把它折叠起来，这样既节省了空间，又保证了马桶的干燥。但是，目前市场上的折叠屏风大都是玻璃材质的，所以很容易破裂，从而造成危险。那么，有什么办法既能节省空间，又能保证使用安全呢？

为了解决这个问题，一名大学生设计发明了一款名为“lota”的可折叠式马桶。该马桶的外形像一把口哨，内部采用滑动铰链和一个滚筒来支撑。人们在上厕所时，只要靠近马桶，马桶盖就会自动掀起，在上完厕所后，它会自动折叠起来，且折叠后的马桶所占用的空间只有传统马桶的三分之一，如图 3-2 所示。

图 3-2　Iota 马桶

折叠马桶设计的非常圆润光滑，人们坐在马桶上会感觉非常的舒服。而且，该马桶采用了独特的 U 型管道设计和智能冲水系统，U 型管道与下水道链接，当上完厕所后，智能冲水系统便会自动开始冲水，小排水口负责冲刷马桶内壁，大排水口负责冲刷排泄物，每次的冲水量只有 2.5 升。由此可见，这款马桶比普通的马桶更节水（普通马桶每次冲水量在 3～5 升），并且清洁起来更容易。

此外，当马桶折叠起来后，其内部的 U 型管和污水管间的链接会自动断开，而且这种全封闭的设计不会让马桶内部的气味透出来。

目前，该马桶获得了国际专利，售价大概为 800 元人民币。而且只要不刻意去破坏，它的使用寿命可达 10 年之久。

资料来源：https://www.sohu.com/a/301503582_100137637

案例点评

马桶是人们家中必不可少的一个装置，但是传统的马桶不仅占地面积比较大，而且在洗澡时，马桶容易被淋湿。为了解决这一难题，案例中的这名大学生设计出了一款新型马桶，该马桶与传统马桶相比占地面积较小，且在使用过后会自动闭合，避免了洗澡时被淋湿。

此外，该折叠马桶是以有形的物品形式存在的，因此，它属于物品发明。

案例四　东南大学创业团队发明“桥梁医生”

图 3-3　东南大学创业团队

在东南大学，一个平均年龄只有 23 岁的学生创业团队（见图 3-3）研发了一套名为“桥梁医生”的检测系统。2020 年，该发明斩获 2 项全国大学生创业比赛金奖。

据团队负责人何至立介绍，“桥梁医生”系统包括微波干涉雷达和多模式机器人两部分，“我们调研了 30 家检测单位的 128 个检测项目，现行的检测方法都是以人工为主，存在盲区多、成本高等缺点，且有一定的安全风险。”何至立说，我国有大量桥梁，检测运维市场前景广阔。

针对普通无人机飞行不稳、精度不足的缺点，团队自主研制了一种兼具飞行和吸附功能的多模式机器人，它能够自主规划路径，紧贴桥底、桥塔等人工难以到达的部位，高精度识别裂缝等隐患。

团队运营负责人曹瀚尹介绍，2018 年以来，团队与江苏省交通科学研究院股份有限公司合作，承接部分了桥梁检测业务，在江苏苏通大桥、广东南沙大桥等项目开展检测实践。结果显示，和传统检测方式相比，新系统节省时间近八成，降低成本近七成。

资料来源：http://www.js.xinhuanet.com/2020-12/24/c_1126903086.htm

案例点评

从以上案例可以看出，该创新发明是由几名成员共同合作完成的发明，这在发明类型中称为协作发明。

案例五　武汉高职生发明共享绿色快递袋

某天，一名湖北交通职业技术学院物流专业的大二学生车聪发现了一个现象，如今的快递包装不仅存在严重的资源浪费和环境污染现象，而且在每年的双十一、6·18 等购物高峰时，常存在分拣难、爆仓等问题。于是，他想设计一款快递袋，能够一次性解决这些难题。

有了这个想法后，他迅速组建了一个团队进行产品设计。设计期间，他们遇到了不少困难，如产品的成型设计，光这一项就失败了 20 多次。有时是设计的快递袋承重不够，有时是结构有问题，放置某些物品容易破袋。除此之外，为了确保货物在运输途中不被开袋，同学们查阅了大量的资料并向不同领域专家咨询。最终，他们设计出了一款安全可追踪共享绿色快递袋。

这款快递袋由植物淀粉类组成的可降解材料制成，可在 180 天自行降解，转化为水和二氧化碳，非常环保。该快递袋具有拉链式接口，在拉链接头处有一个防水防潮的射频标签，标签内设置有一个芯片源，能储存货品名称、数量、寄件人和收件人的所有信息。只要通过专门的读写器，即可借助标签的芯片，对快递进行批量的信息采集和流水线分拣，既实现了系统平台上相关信息的可视化，又减少了人工操作流程，极大地缩短了配送的时间，降低了爆仓几率，并减少了快递库存成本。

同时，该芯片具有可追踪、可优化功能，寄件信息和收件信息经扫描后，系统后台即会自动设定一条最便捷的送货路径。在送货途中，如果偏离路线，后台会自动发出警报。

2017 年，在第二届全国“互联网+”快递大学生创新创业大赛中，“安全可追踪共享绿色快递袋”荣获大赛金奖，且该作品在比赛现场就被圆通快递创新研发部科技管理经理凌利看中，当即签下意向合作协议。

资料来源：http://news.cnhubei.com/xw/sh/201712/t4040744.shtml

案例点评

该创新发明既节省了快递业的人力成本，提高了工作效率，同时又非常的环保。因此，该发明是对人类有益的发明，也称为有益发明。

第二节 创新成果的转化与保护

理论导航

创新成果是指在创新过程中，行为人为了达到一定的目的，遵循事物发展的规律，对事物的整体或其中的某些部分进行变革，从而使其得以更新与发展的活动成果。它具有新颖性、时效性、价值性、高风险与高回报性。

目前，我国对创新成果的保护有较为完整的法律制度，主要包括著作权、专利权、商标权。

案例一 保护原创就是保护创新——“90 后”美院学生校园创业年入千万

受做木匠的大伯的影响，出生于 1993 年的黄兆从小就喜欢木工，在他七八岁时便开始给自己做木头玩具，中学时就能给家里做木桌、木椅。在大学期间，他的木工设计课的结业作品更是拿了年级的最高分。

“你这作品做得太棒了，都可以去市面上卖了！”一位学长无心的一句话，让黄兆产生了一个创建木制家具品牌的念头。2014 年夏天，他开创了自己的原创家具品牌“物应”，并在某电商平台上了线。

因原创，创业初期虽艰难但仍坚持品质

品牌创建之初，还是大学生的黄兆只有自己一个人，什么事都要他自己去做。为了找到一个适合的代工厂，他带着自己的作品四处奔走。最后，一家有着 30 年经验的木制家具工厂的老板对黄兆的原创设计很感兴趣。老板说，他们工厂之前就是忽略了家具的原创性，才渐渐与市场脱节了，如今正要转型。黄兆带的木制手机支架作品设计精巧，顿时让工厂老板对他的原创能力刮目相看，很

快便与他确立了合作关系。

在去工厂上班前，黄兆去进行了市场调研，他发现市面上流行的红木、檀木家具虽然材质好，但家具形式太过千篇一律，缺乏原创性，而时下年轻人的审美在不断变化，老旧的样式已经让他们提不起兴趣了，市场需求也在不断下滑。因此，他专注于进口樱桃木和黑胡桃木，因为这两种木质设计出的作品品质更适合追求原创和时尚的年轻人。

黄兆白天没课就去工厂，有课就去上课，下课再去工厂，晚上回到家做电脑设计、品牌筹划，他经常夜里一两点才上床休息。

为了保留木材的原创质感，黄兆从切割、拼接、挖槽、开刀、打磨、上釉直至抛光等各个工序都要求手作，而且尽量减少金属部件的应用。

因保护，从网店到 800 多平米的线下店

“物应”得益于用心的原创，但也为原创保护问题烦恼。黄兆设计的原创家具在网上上线后便得到了很多网友的喜爱，但没过多久，黄兆就发现有人抄袭他的作品。为了解决这个问题，他为自己的家具申请了专利并入驻了阿里平台治理部推出的一个原创保护平台，入驻平台之后他发现效果明显。因为手稿和图片上传后，一旦发现被抄袭，系统就会自动检测到并通知原创人，这样黄兆就可以快速地对侵权商家投诉并获得反馈，这一举措对侵权商家起到了很强的警告作用。

他说，自从入驻了原创保护平台，其他店再也不敢随便出山寨版了，以前从“物应”上扒图片直接放到自己网店的现象没了，所以该店的销售额也在不断递增。最初黄兆还在为没有线下体验店发愁，如今他已经在杭州富阳开了一家 800 多平米的线下旗舰店。

在黄兆看来，中国的原创保护在往好的方向发展。他说，“我相信，原创的、个性化的家具，未来一定能走到市场的前面！”

资料来源：http://www.zzslyj.net/s/jmqooz.html

案例点评

从以上案例可以看出两点：其一，黄兆之所以能与这家有着 30 年经验的木制家具工厂建立合作关系，无疑是因为这家工厂缺乏原创性，而黄兆恰好又具备很强的创新能力，这才让两方一拍即合。由此可见，创新与企业的发展有着密切的联系，一个企业想要做大做强，想要获得长远的发展，就一定要有与时俱进的创新人才和创新作品。其二，黄兆为其创造的产品申请了专利后，他就可以对侵权商家进行投诉，这说明了专利权所有人对其拥有的专利权享有排他的权利。

案例二　一部小说抄袭 12 位作家的 16 部作品，被判赔偿 74 万元

2012 年至 2013 年，周某（笔名秦简）创作并在“潇湘书院”网站上连载了小说《庶女有毒》。后周某将该小说改名为《锦绣未央》，并于 2013 年出版发行。全书共六册，共 1 530 千字。

小说《锦绣未央》与温瑞安等 12 位知名作者在先前发表的《温柔一刀》《身历六帝宠不衰》等 16 部权利作品相比，就语句而言，或者均使用了独特的比喻或形容，或者均采用了相同或类似的

细节来刻画人物或事物，或者均采用大量常用语言的相似组合；就情节而言，《锦绣未央》采用了上述 16 部权利作品中具有独创性的背景设置、出场安排、矛盾冲突和具体的情节设计，共存在 763 处语句、21 处情节相同或实质性近似，共计 114 千字。

温瑞安等 12 位知名作者分别提起诉讼，请求周某停止侵权、赔礼道歉，赔偿经济损失等。

一审法院认为，周某侵害了温瑞安等 12 位作者对相应作品享有的权力。据此，一审法院判令周某停止侵权、公开赔礼道歉并赔偿经济损失共计 74 万余元。一审宣判后，双方均服判，未提起上诉。

资料来源：http://m.hnfzb.com/show.aspx?id=120328

案例点评

作品被创作出来后，创作作品的公民即为作者，也就是著作权人。作者对其创作成果依法享有使用和收益的权利。未经著作权人许可，任何人不得复制发行其作品。著作权人一旦发现其权利受到侵害，可运用著作权法相关法律知识维护自身权益。本案中，周某抄袭温瑞安等 12 位的作者率先发表的作品，该行为构成了侵权，应承担侵权责任，所以，法院判决周某停止侵权、公开赔礼道歉并赔偿给温瑞安等人经济损失共计 74 万余元。创作成果是作者智慧和汗水的结晶，保护不当，就容易被他人窃取，因此，创作者要多了解与著作权相关的法律知识，以保护好自己的创作成果。

案例三　专利产品屡被仿造，大学生创业公司安排 3 人专职维权

武汉科技大学机械学院学生李恒利用所学专业知识研发了一款“高空喷淋降尘系统”，该系统通过将水雾化进行高空喷淋，吸附工地现场空气中的灰尘颗粒和杂质，能够达到润湿地面和防止尘土重新扬起的效果，从而能够改善城市环境。

武汉市建设科学技术委员会曾专门组织评审，认为该技术成果属国内首创。李恒也依托该成果申请到了的国家专利，随后又注册了武汉毳（cuì）雨环保科技有限责任公司（以下简称“毳雨公司”）“试水”创业。创业 3 年，该公司生产的“治霾神器”服务于全国十多个省市的 500 多个工地，被认定为国家级高新技术企业。

李恒说，他们申请的专利是排他实施许可的，没有他们同意任何公司不得生产含有该专利技术的产品。但在 2016 年 8 月，毳雨公司销售人员发现武汉某环保公司制造了模仿该专利技术的塔吊喷淋装置，并销售给两家公司共 6 套设备，在武汉某大桥和某地铁工地投入使用。

为此，毳雨公司以涉嫌侵犯其专利权为由，向武汉市科技局申请立案。经调查，武汉市科技局认定该企业确实侵犯了毳雨公司的专利权。但武汉市科技局只具备行政权，只能认定是否构成侵权，没法核定具体金额并判赔。于是，经双方企业相关负责人商定，侵权企业要一次性赔偿给毳雨公司 2.8 万元，并承诺不再制造、销售侵犯涉案专利权的产品。2017 年 1 月，毳雨公司收到侵权企业一次性赔付款 2.8 万元。

“许多企业并不知道专利有什么用，只觉得专利是用来充门面的。”李恒说，为了保护他们的专利不再被侵犯，他们专门安排两名员工和一位律师来负责公司的专利维权。

资料来源：https://www.chinanews.com/sh/2017/04-28/8211623.shtml

案例点评

无论哪一种专利，一旦被授予专利权，任何单位或个人未经专利权人许可，都不能实施其专利，即不得以生产经营为目的制造、销售其专利产品。本案中，武汉某环保公司的行为已经构成了专利侵权，应承担相应的民事责任。

从以上案例可以看出，大学生既要有积极创新的精神，也要懂得用法律武器保护自己的创新成果。

创新资讯——“剑网 2020”专项行动十大案件

“剑网 2020”是由国家版权局、工业和信息化部、公安部、国家互联网信息办公室四部门联合启动打击网络侵权盗版的一次专项行动，旨在维护清朗的网络空间秩序，营造良好的网络版权环境。

“剑网 2020”专项行动内容

“剑网 2020”专项行动于 2020 年 6～10 月开展，针对网络版权保护面临的新情况新问题，将聚焦 5 个重点领域：

一是，开展视听作品版权专项整治。深入开展院线电影网络版权专项保护，追根溯源加大对影院偷拍盗录行为的打击力度，针对疫情防控期间院线电影发行情况开展网络版权保护预警；严厉打击短视频领域存在的侵权盗版行为，坚决整治以短视频形式未经许可对他人作品删减改编并通过网络传播的侵权行为，坚决整治短视频平台滥用“避风港”规则的侵权行为。

二是，开展电商平台版权专项整治。加强对大型电商平台的版权监管工作，严厉打击网店销售盗版图书、音像制品、电子出版物、数据库及盗版网络链接和存储盗版作品的网盘账号、密码等行为，严厉整治网店设计、经营中使用盗版图片、音乐、视频等行为。

三是，开展社交平台版权专项整治。加大新闻作品版权保护力度，进一步规范图片市场版权传播秩序，关闭一批恶意侵权社交平台账号。

四是，开展在线教育版权专项整治。加大“学习强国”学习平台版权保护力度，大力整治在线教育培训中存在的侵权盗版乱象，严厉打击未经授权传播他人网络培训涉及视听、文字、口述等作品的侵权盗版行为，严厉打击通过电商平台、社交平台、网盘等方式销售盗版网课和盗版出版物的行为，重点监管互联网二手交易平台、网络社交平台群组，切断盗版网课灰色产业链条。

五是，巩固重点领域版权治理成果。严厉打击网络游戏中侵权盗版的行为，加大对音乐版权保护力度，推动完善网络音乐版权授权体系；严厉整治知识分享领域存在的抄袭改编、复制数据库等侵权行为，强化对大型知识分享平台的版权监管力度；继续巩固网络文学、动漫、网盘、应用市场、网络广告联盟等领域取得的工作成果。

本次专项行动期间，共删除侵权盗版链接 323.94 万条，关闭侵权盗版网站（APP）2 884 个，查办网络侵权盗版案件 724 件，其中查办刑事案件 177 件、涉案金额 3.01 亿元，调解网络版权纠纷案件 925 件，网络版权秩序进一步规范，网络版权环境进一步净化。

“剑网 2020”专项行动十大案件

2021 年 1 月，国家版权局等四部门发布了“剑网 2020”专项行动十大案件，涵盖图书、影视、音乐、游戏、软件、图片等作品类型。

（一）江苏淮安“2·22”销售侵权盗版图书案

王某未经权利人许可，委托李某某印刷侵权盗版图书 59 种、共计 929 314 册，运至其租赁的北京仓库和淮安仓库储存，后通过网络对外销售，涉案图书码洋 9 000 余万元。2020 年 11 月，江苏省淮安市中级人民法院以侵犯著作权罪判处两被告单位罚金各 50 万元；判处王某有期徒刑四年，并处罚金 300 万元；判处李某某有期徒刑三年六个月，并处罚金 260 万元；判处其他被告人有期徒刑缓刑并处罚金。

（二）上海“3·12”涉嫌制售侵权盗版图书案

牛某某等购买《四五快读》《DK 博物大百科》等正版图书，委托他人翻印成盗版书后销售给陈某某等，陈某某等通过微信公众号销售牟利。专案组抓获犯罪嫌疑人 10 人，捣毁制假窝点 3 处，查获侵权盗版图书 20 余万册，涉案金额 1 000 余万元。

（三）河南开封谭某某等涉嫌销售侵权盗版教辅案

河南省开封市尉氏县公安局从一条微信网络购书线索入手，深挖出一个涉及多省市的印刷、销售盗版教辅图书犯罪网络，抓获犯罪嫌疑人 21 名，查扣印刷生产线 6 条、机器设备 53 台、印刷纸张 176 吨，缴获图书 7 万余册，涉案价值 6 000 余万元。目前 3 名主犯已被批捕。

（四）广东江门杨某某等侵犯影视作品著作权案

杨某某、王某未经权利人许可，将侵权影视播放链接放至网站供用户点播观看。此外，杨某某联系劳某某等到江门地区多间影院盗录最新上映的《攀登者》等院线电影，放至网站供用户点播观看。2020 年 9 月，广东省江门市新会区人民法院以侵犯著作权罪判处杨某某有期徒刑缓刑，并处罚金 13 万元；判处王某有期徒刑缓刑，并处罚金 16 万元；追缴二人违法所得。

（五）辽宁丹东苏某等涉嫌销售侵权盗版教学课件案

2020 年 5 月，根据报案线索，辽宁省丹东市公安局振兴分局从苏某处查获涉嫌侵权盗版教学课件 1 万余部。经进一步调查，发现浙江黄某通过互联网搜集、购买侵权盗版网课视频共计 10 万余部，通过其开设的微店将侵权盗版课件销往 10 多个地区，涉案价值 500 余万元。

（六）江西南昌“0791DJ 音乐网”侵犯音乐作品著作权案

龚某某未经权利人许可，在互联网上下载大量音乐作品，提供在线收听及下载服务，点击数 1 881 余万次，注册会员人数 640 人，充值金额近 3.37 万元。2020 年 11 月，江西省南昌市青山湖区人民法院以侵犯著作权罪判处龚某某有期徒刑三年，并处罚金 6 万元。

（七）安徽滁州程某某等涉嫌侵犯软件著作权案

程某某、王某为非法牟利，购买他人拥有著作权的数控系统后将芯片拆解，聘请陈某某破解芯片内部程序，将破解后的程序植入空白芯片内，并与其他零部件组装成数控系统、伺服驱动器后在网络平台销售。2019 年 1 月至今，共销售侵权数控系统 4 000 余台，销售金额 1 000 余万元，非法获利 100 余万元。

（八）湖南岳阳“3·25”侵犯网络游戏著作权案

陈某、周某利用非法获取的软件源代码架设游戏私服（私服是未经版权拥有者授权，非法获得服务器端安装程序之后设立的网络服务器，本质上属于网络盗版）牟利，后章某加入，3 人非法运营“皇家天龙”“剑雨天龙”和“兽血天龙”3 款私服游戏，非法获利超过 1 000 万元。2020 年 10 月，湖南省岳阳市岳阳楼区人民法院以侵犯著作权罪分别判处 3 名被告人三年至一年六个月不等有期徒刑，没收违法所得，并处罚金合计 954 万元。

（九）北京优宇通教育科技有限公司侵犯著作权案

2018 年 11 月至 2020 年 9 月，北京优宇通教育科技有限公司未经权利人许可，通过其经营的 App 向公众传播人民教育出版社出版的教材，非法经营额 5 148.4 元。2020 年 10 月，北京市文化市场综合执法总队对其作出没收违法所得，并作出罚款 3 万元的行政处罚。

（十）上海犀光网络科技有限公司侵犯摄影作品著作权案

上海犀光网络科技有限公司未经权利人许可，通过其经营的网站向公众传播中超足球（中国足球协会超级联赛）比赛摄影作品 257 张。2020 年 12 月，上海市文化和旅游局执法总队责令当事人停止侵权行为，并作出罚款 15 万元的行政处罚。

资料来源：http://ip.people.com.cn/n1/2021/0118/c136655-32002765.html

第四章

创业机会与创业风险

第一节　创业机会识别

理论导航

创业机会是指在市场经济条件下，在社会经济活动过程中形成和产生的一种有利于企业经营成功的因素，它是一种带有偶然性并能被经营者认识和利用的契机。

本节主要讲述了与创业机会相关的三个方面的内容：① 创业机会的四种变革，即技术变革、政治和制度变革、社会和人口结构变革及产业结构变革；② 影响创业机会识别的因素，即先前经验、认知因素、社会关系网络、创造性等；③ 创业者识别创业机会的几种常见方法，即通过系统分析发现机会、通过问题分析和顾客建议发现机会、通过创造获得机会等。

精选案例

JINGXUAN ANLI

案例一　共享自习室——“90后”小伙们发现共享时代新商机

从共享单车到共享汽车，再到共享充电宝，共享经济在市场中已经火了相当长的一段时间。如何在共享经济的浪潮中寻找新的商机？共享自习室现身说法。

发现商机

2019年3月初，郑州大学曾因考研“占座”方式千奇百怪上了微博热搜，用铁链、上私锁、贴恶性标语等手段引发了网友们的热议。事实上，考研占座只是考试复习众生相中的一个缩影。期末考试、专升本考试、公务员考试、教师资格证考试、法考、雅思托福考试等，同样面临着上述问题。想学习却找不到合适的地方，在家学习会有惰性、去图书馆占不到座位、去咖啡馆没有学习氛围，不少人感慨，要是有对社会开放的自习室就好了。

有需求就有市场，2019年下半年，共享自习室悄然出现。而在中国首批运营共享自习室的人正是一群自主创业的大学生。

连开7家连锁店专卖“学习空间”

孙旭光是一名自习室的创办者，他说他在读高中时发现，寒暑假学校不开放，想要学习却没有一个安静的地方。当时他经常和朋友一块合租场所上自习，等到高中毕业后，他考虑到学弟学妹们也会有这样的需求。于是，在2014年，他和同学萌发了合伙创办自习室的想法。

起初在国内鲜有自习室成功运营的案例，孙旭光通过查阅资料发现，这个模式早已在日韩有一定的发展规模，于是，他们一边学习国外经验，一边不断地摸索，最终在老家菏泽开办了一家自习室。为吸引学生，他们在自习室里充当“老师”的角色，给前来学习的学弟学妹们答疑解惑。令孙旭光意料之外的是，首次“吃螃蟹”，他们不仅没有赔，还赚了学费。

上大学期间，因为每到期末考试，学校图书馆和自习教室的座位就变得非常紧张，学生们要起的很早才能占到座，这让孙旭光愈发认识到共享自习室的重要性。于是在毕业后，孙旭光和同学在之前积累的办自习室经验的基础上，又到上海、广州等城市进行调查。最终，在济南创办了第一家共享自习室。

共享自习室划分为“学习区”和“公共休息区”。在“学习区”内，每个座位都被打造成“格子间”样式（见图4-1），小小的空间里配置有插座、台灯、临时储物柜，可谓“麻雀虽小，五脏俱全”。另外，为了保证学习者的舒适与专注，在“学习区”的地面上还铺设了静音地毯，而且所有人在进入该区域前都会被要求将手机调成静音，且在学习区内不允许讨论说话。在“公共休息区”内配备了饮水机、微波炉、共享充电宝及Wi-Fi等设备，以供前来学习的顾客免费使用。

孙旭光称，共享自习室在刚开业时足足有半个月的空置期，他们每天守着空荡荡的房间，一筹未展。后来，他们才意识到没有人过来是因为宣传不到位造成的，很多人并不知道有这么一个自习室。于是，他们开始进行宣传，先在校园里派发了传单，又在微信群里发布了广告。不久后，他们的生意渐渐有了起色。

图 4-1 共享自习室学习区

目前，他们共同创办的共享自习室在济南已经有 7 家，主要分布在山东建筑大学、济南大学等高校周边。每个自习室都设置了近 1 000 个座位，满足学生前来学习、备战各类考试的需求。

但受 2020 年初的疫情影响，共享自习室的资金链一度吃紧，原本计划 2 月份开业的新店，一直拖到 4 月份才开门营业。关门期间没有任何营收，每个月单是房租就要支出七八万，孙旭光绝望得想过放弃，但他还是咬紧牙关坚持了下来。4 月份，共享自习室开放后，陆续有学生过来学习，他们的生意也逐渐有了起色。孙旭光说，也是因为疫情原因，不少高校延迟开学，学生没有读书的地方，就会选择到自习室来。“我们把入座率控制在了 50%左右，随后会根据疫情发展态势循序渐进地开放。”

除了为学生提供学习场所外，下一步，孙旭光还把目光锁定到上班族，计划在写字楼附近开分店，服务高端人群，并将触角延伸到更多的城市。

资料来源：https://www.sohu.com/a/402931563_100063825

案例点评

当民众在某些方面有需求，尤其是迫切需求的时候，大量的创业机会就涌现了。孙旭光就是从学生们对自习室的需求出发，并结合当下的共享经济模式，开发了共享市场上的一个“新物种”，即共享自习室。

案例二 客户倒逼企业成长，小气球牵引“创富路”

一家大型商场的儿童乐园开业，搞起了气球展。呆呆的多彩章鱼、亮出利齿的大白鲨、惟妙惟肖的珍珠蚌、可爱的毛毛虫……孩子们在这个“童话世界”里频频发出惊喜的欢叫声。制作气球展的是南京疯狂气球文化传媒有限公司，创办人骆威是 2011 年毕业的大学生。

毕业后，骆威入职了一家科技公司，主要负责产品质量检测，但他一直拥有创业梦。一次偶然的机会，骆威看到一个庆典布展中的气球装饰，发现了其中的商机。经过一番调查和摸索，他决定自己创业，专做气球布展。

“其实业务范围还是被客户‘逼着’扩大的。”骆威说，有一次老客户给了他们一个展板设计的订单，尽管从未做过此类项目，但尝试着做后，竟然做得还不错。此后，公司的业务开始拓展得越来越广。谈起公司发展优势时，骆威说，最核心的竞争力是年轻。“因为年轻，我们有足够的体力支撑庞大的布展工作量；因为年轻，我们有充沛的精力不断学习新技能；因为年轻，我们有无尽的创意满足客户变化多端的需求。”目前，骆威创办的企业营业额超过 500 万元。

资料来源：http://js.people.com.cn/n2/2020/0518/c360303-34023953.html

案例点评

创业机会无处不在、无时不有，能不能抓住机会就要靠创业者自己了。案例中的骆威是在无意间发现了一个做气球布展的商机，说明很多创业机会的产生都具有偶然性。作为创业者，最难能可贵的地方就在于他能看到其他人所看不到的商机。

案例三　裸辞后创业，轻松实现月入过万

知乎上有个热门问题“月薪一万很难吗？”已经积累 1 500 多万的浏览量，吸引了 3 500 多名网友参与讨论，对于当今上班族来说，“月薪过万”就是一个坎儿。

那么月薪过万难吗？数据告诉你：难！

国家统计局曾发布了 2018 年收入群体划分，报告显示月收入 1 万以上的人占全国人口的 3%，也就是说，如果你月薪达到 1 万，你的收入水平就超过了全国 97%的人。

看完腾讯发布的这份《2019 国人工资报告》后，结果更加扎心。报告显示，近八成人工作 10 年月薪仍未过万，而且月薪过万的人群多集中在北上广深等一线城市，三四线城市工资收入仍处于 3 000～5 000 元的水平。所以说，月入过万难，在三四线城市月入过万更是难上加难。然而，搜电某公司的一位 1996 年出生的代理商小飞，仅用了 2 个月，就实现了在三线城市从零到月入过万的跨越。作为“三无青年”的他，在无资金、无资源、无经验的情况下，是如何在这么短的时间内实现月入过万的呢？下面让我们来听听小飞的故事。

一次出差，激发创业梦

小飞来自广东某三线城市，他在大学毕业后进入了广州某国企工作。在一线城市拥有这份工作，让他成为了很多同学羡慕的对象。但小飞却说这不是自己想要的工作，他想自己创业，但苦于资金和资源有限，一直没有找到合适的创业项目。直到有一次出差，让他发现了商机。那次出差是他临时接到的出差任务，接到任务后他快速地收拾了一番就赶往高铁站，没想到刚到高铁站他的手机就快没电了。他当时特别着急，因为如果手机没电，他将无法与接待他的人取得联系，也无法付款，这将给他的出行带来极大的不便。后来是共享充电宝解决了他的燃眉之急。

小飞说自己之前一直觉得共享充电宝是伪需求，但这次的体验让他开始重新审视共享充电宝这个项目。于是，他开始利用业余时间在网上收集资料，还耗时一周跑到广州的各大商圈进行了市场调研。经过调研后他发现，比起其他创业项目，共享充电宝的创业风险低、收益高且回本快，很适合他这种刚毕业的创业小白。广州的市场基本被瓜分完了，他再入局的话必然面对很大的竞争压力，所以小飞将目光放到了三线城市：他的家乡。

小飞立刻动身回乡考察，正如他所料，家乡的共享充电宝市场还属于早期，有大量用户红利可以挖掘，他意识到他的机会来了。

辞掉一线国企工作，返乡创业

面对一边是稳定的国企工作，一边是前路未卜的创业梦，小飞也不是没有纠结过。然而，创业的冲动让他毅然决然地辞去了令人憧憬的工作，告别了一线大都市，回到家乡开始创业。

为了把风险降到最低，小飞在挑选共享充电宝品牌时格外谨慎。他跑了很多地方进行实地调研，经过几番对比后，最终选择成为“搜电”合伙人。因为搜电的代理门槛低，可以 30 台拿货，对于小飞这种启动资金有限的创业者来说最合适不过。而且搜电的产品安全性高，提现快，且有完整的配套服务，能帮代理商解决很多售后问题。于是，小飞来到搜电深圳总部实地了解后，当场就签约了 30 台“桌式八宝”（“搜电”共享充电宝某一款产品的品牌名称）。

先做朋友再做生意

小飞说自己不像别的代理商有那么多的商户资源，他最大的资源就是亲戚家开的几家奶茶店。“因为自己还是个无名小辈，直接去谈合作被拒绝的几率很大。所以我要换个打法，首先要和商户交朋友，不管成不成，都要建立良好的信任关系，表现出我的诚意和态度。”秉持着这个信念，小飞每天都找机会和商户沟通，了解商户的需求和对共享充电宝的看法。一回生二回熟，小飞就这样和商户成为了朋友，商户也逐渐认可这个略显稚嫩但努力上进的小伙子，还为其介绍了不少商户，小飞的人脉关系越来越广，他也迅速铺完了 30 台设备，如图 4-2 所示。

图 4-2　搜电充电设备

一个月后这 30 台设备给小飞带来了 600 多元的收益，第一个月收益虽然并不理想，但他没有气馁，而是又从商家那里拿了 70 台设备。在铺完这 70 台设备后，他的收入从 600 多元提升到了 2 万多元。小飞用自身的实力和努力证明了，没有一线城市大平台做支撑，靠自己也可以在三线城市月入过万。

“搜电是我梦开始的地方。当同龄人还在为人生规划和职业发展而迷茫的时候，我很幸运地找到了人生的方向。”小飞说，通过共享充电宝创业，他的资源池也在不断扩大，以后要想做其他项目，之前积累的人脉也能派上用场，做起来也更轻松。其实，这个社会从来不缺创业机会。

资料来源：https://xw.qq.com/cmsid/20200407A0EEJS00

案例点评

善于观察生活的人会发现，创业机会往往源于生活的“痛点”。小飞就是从自身的痛点中发现了这个代理共享充电宝的创业机会。所以说，创业者要有一双善于发现的眼睛，把握住了稍纵即逝的创业机会，就等于成功了一半。

此外，创业者不仅要善于发现机会，更需要正确把握并果敢行动，将机会变成现实的结果，这样才有可能获得成功。

第二节　创业风险管理

理论导航

创业风险是指在创业过程中，由于创业环境的不确定性，创业机会与创业企业的复杂性，创业者、创业团队的能力与实力的局限性，而导致创业活动偏离预期目标的可能性及后果。

创业风险的来源有资金风险、竞争风险、技术风险、市场风险和团队风险等五个方面。大学生在创业前应学会识别风险、评估风险、防范风险和化解风险。

案例一　大学生创业，从三个月亏损 2 万到半年盈利超 30 万

被学弟学妹们称为“创业牛人”的谢林超，是重庆工程学院软件工程专业的 2018 届毕业生，他从参加大学生创新创业大赛到开发网上商城，再到软件开发，通过不断地努力，最终创办了两家软件公司。如今，这两家公司的年营业额近 400 万元。

一次比赛唤起内心创业梦

大一期间，在丝毫不耽误学业的前提下，谢林超几乎听遍了校内外的各种创业讲座，也多次参加了学校举办的创业活动。这些学习经历让他在接受创业知识的过程中，更萌生并坚定了创业信念。

2015 年 9 月，刚升入大二的谢林超在学校宣传栏看到了重庆农商行举办的大学生创新创业大赛宣传海报，唤起了他内心一直蠢蠢欲动的创业梦想。他向学校负责创新创业工作的老师咨询了此次比赛的规则后，立马与 3 名有同样想法的同学组队备战。

在学校老师的指导下，他们决定结合自身专业特色，策划开发运营一款可以让招聘者与应聘者在线聊天的 App。从编写创业项目计划书到编排创业项目 PPT，再到比赛答辩，四个人为了在项目特色上打造亮点下足了功夫。

入围校级比赛时，评委们提问了一连串犀利的问题，如“你们的推广资金预算多少？如何获取推广资金？产品的盈利点在哪儿？市场怎么开拓？团队如何管理？”等，这些问题打的他们措手不及，因为他们并没有考虑的如此全面和透彻。

虽然此次比赛以失败告终，但这也让谢林超等人真正意识到，创业远没有想象中的那么简单，仅空有一腔热血而没有真正的实力是无法完成创业的。

组建团队，坚持不懈再创业

有了第一次“出师未捷身先死”的创业经历，谢林超决定组建一支专业的创业团队，继续自己未完成的创业梦。临近毕业时，他与班长及一位技术能力强的朋友组成了一支核心团队。这次他们想要基于微信公众号开发一套专门为在校大学生提供线上水果购买、线下配送的平台。基于对市场的简单调研和分析后，他们认为这个想法可行。于是，他们说服了一位朋友为其投资了 2 万元，作为项目的启动资金，开始了第二次创业。

2017 年 11 月，谢林超等人在得知重庆市要举办优创优帮创业大赛后，熬夜制作了一份 PPT，并由谢林超带着去参赛了。他们参赛的原因是希望通过这次比赛获得更多的关注和支持，但令人遗憾的是，由于他们前期准备的不够充分，以致于没能回答上来评委们提问的很多问题，最终，他们止步于市级 50 强。

虽然这次比赛又失败了，但他们对该项目依然非常有信心，于是，他们又召集了十几名同学加入这个团队，并对每个人的职责做了明确的分工，有人负责采购、有人负责销售，还有人负责配送。谢林超说，他们这次一定要把项目启动起来。功夫不负有心人，2017 年 12 月 24 日，他们开发的微信商城水果购买配送平台正式上线运营。

刚开始运营时，每天的订单量虽然不算很大，但几个人干劲十足。他们每天凌晨开着车去水果市场采购水果，白天守着电脑屏幕接订单。谢林超感觉自己在运营一个超级项目，他希望这个项目能够成为重庆乃至全国的大平台。但理想很丰满，现实很骨感。他们仅坚持了 3 个月，2 万元启动资金就全部亏损了，第二次创业就这么失败了。

尽管高校水果电商做失败了，谢林超还是坚持思考如何寻找新的创业方向。他总结后发现，虽然水果卖得不好，但是他们开发的微信商城平台在内容建设、客户管理、整合资源等方面还是有可圈可点的成绩，这也为他第三次创业打下了基础。

厚积薄发，第三次创业终成功

2018 年 3 月，谢林超从第二次创业的教训中走出来后，又重新召集 4 名合伙人组建团队，转型做软件开发，并注册了“慧海新软”商标，寓意在智慧的海洋里学习，创造新时代的软件，开始了他的第三次创业之路。

作为一家新生软件公司，几位合伙人面临着诸多难题。例如，运营手续在哪里办？怎么办？怎样才能合法合规？谢林超将创业情况告诉了学校创新创业园的老师，在老师的指导和协助下，他们顺利办理了各项运营手续。

之后，谢林超又带着策划方案到处谈融资，过了近两个月，他终于说服了一位潮汕老板为该项目投资了 10 万元，这笔钱解决了公司当时的现金流危机。

一切准备就绪，5 个人带着创业的热情，满怀信心地到处找项目，他们在跑遍了重庆十几个区县后，终于接到了第一个赚钱的项目，为奉节旅游网提供技术解决方案。接到该项目后，团队成员立马着手开干，他们先针对项目做了一份初步的分析报告，然后开始编写代码，并不断地进行测试来完善方案，最终高效、高质量地完成了项目的开发任务。

他们继续扩大团队规模，拓展业务渠道，获得更多的客户资源和项目订单，公司也一步步走上正轨。据了解，从 2018 年 5 月底到 12 月，慧海新软科技有限公司共盈利 31 万余元。一年来，他们为重庆本土的几十家单位提供了软件技术方案和软件产品。2018 年 12 月 26 日，怀着更大的期望与梦想，谢林超团队在成都成立了慧海新软科技（成都）有限公司。目前，两家公司的年营业收入将近 400 万元。

资料来源：https://www.eol.cn/chongqing/cqzt/201905/t20190520_1659388.shtml

案例点评

对大学生来说，由于其社会阅历较少，加上实践经验不足，难免会对创业过程中遇到的各种问题考虑的不够全面和深入。在创业之初，谢林超就是没能对创业中遇到的问题做好合理的分析与规划，才导致前两次创业都失败了。不过，好在他没有认输，而是在吸取了前两次经验的基础上，不断改进，最终在第三次创业时取得了成功。所以说，大学生只有在创业前做好风险评估，才能把失败的风险降到最低。

案例二　大学生投身农业，摔倒过的青春更美丽

2010 年，毕业于浙江农林大学生物技术专业的陈相涛，开设了组培实验试剂耗材销售的实体店，以一已之力创造了 200 万的年销售额。2012 年，他又依托浙江农林大学强大的科研平台，在多位资深导师的帮助下创办了木木生物技术有限公司，与全国各地数十家相关大专院校、科研单位以及从事植物组织培养的企业建立了长期合作关系。

在外人看来陈相涛的创业之路是一帆风顺的，实则不然，他也是遭遇了很多惨痛的经历之后，才让公司逐步走向正轨的。

创业初期与蓝莓结缘

在创办木木生物技术有限公司之前，陈相涛还有一段艰辛的创业史。2010 年，陈相涛从浙江农

林大学毕业后，他放弃了高薪工作，投身自主创业，在母校门口创办了杭州禾德化工有限公司临安分公司（木木生物技术有限公司的前身），向浙农林各个实验室销售实验药品试剂耗材，那时他仅凭一辆人力三轮车送货，却创造了200万的年销售额。

2012年3月，陈相涛带领团队成立了杭州木木生物科技有限公司，从单一的实验器材销售转型为组培技术研发、组培技术培训推广、实验用品销售、组培种苗销售及园艺农资销售为一体的公司。

2013年一次偶然的机会，陈相涛对蓝莓“一见钟情”，那时的蓝莓并不常见，只有一些大型的超市才有，而且周边种植蓝莓的农场也比较少。后来他在某电商平台上搜到一家位于湖州德清的蓝莓种植农场。在与老板取得联系后，他提出想去农场考察一下，得到了老板的热情欢迎。

在陈相涛到达农场后，老板很热情地带他在农场里逛了一圈，聊了很多关于蓝莓、创业的事情，并给他提供了不少种植蓝莓的建议。陈相涛说，这个老板算是他开启蓝莓事业的启蒙老师。临走时，陈相涛买了50株蓝莓幼苗，就这样，他与蓝莓的情缘便开始了。

后来，又是在一个机缘巧合下，他得知附近有一家大型蓝莓种植公司贝莱特，从事育苗、种植、鲜果销售和深加工。陈相涛又去进行了参观，看着满地鲜绿整齐的蓝莓幼苗，他无比渴望自己也能拥有一个这样的农场。

失败中积累创业经验

当时除了想种蓝莓，林木育种专业出身的他更想做的是利用在大学里学到的组培技术培育蓝莓苗。在陈相涛参观了几次贝莱特的蓝莓瓶外生根技术之后，他决定试着培育。

虽然看似简单，但在实操时陈相涛却遭遇了各种困难。刚开始时，由于没有及时给培育蓝莓苗的基质补水，几万株幼苗被闷坏了，仅剩几株存活了下来；而后他不断地进行尝试，蓝莓苗的成活率才有了提高。当陈相涛看着长势喜人的蓝莓苗，以为可以顺利地发展下去的时候，一个大灾难却来临了。

蓝莓苗生根后需要装钵了，他在蓝莓基质草炭里面加了硫磺，结果4万多株苗没多久就成片地枯死了。陈相涛看着自己含辛茹苦培育的幼苗就这样死了，绝望至极。

陈相涛不仅在培育蓝莓苗上栽了跟头，也在种植蓝莓上栽了不少跟头。最初，他将种植蓝莓的基地选到了距离临安城区只有7千米的地方，这里的土地非常肥沃，但谁成想，这块土地是水稻田，一到下雨天就积水，导致蓝莓长势不佳。后来，他又因急于求成，花了15万元从某公司买了2 000株3～4年的大苗，结果这些苗因根系受伤，在第二年结果之后成了老化苗（这种苗生长缓慢或停滞，植株瘦弱，茎秆细硬，节间短，叶片小，叶色深暗无光泽，组织脆硬无弹性，根系老化生锈，不易发生新根，定植后发棵慢、长势弱，容易落花落果、产量低），食之无味，弃之可惜。

创业初期遭遇的种种，虽然现在已是过眼云烟，但是每次的失败经历给他带来的教训，他都铭记于心。陈相涛说，现在想来当时真是太冒进了，没有进行小面积的尝试就直接大面积进行培育，不碰壁才怪。

现在，木木生物科技有限公司不仅蓝莓事业发展得顺风顺水，树莓、软枣猕猴桃、白芨、金线莲等组培技术和组培苗生产技术也已发展成熟。为了不让朋友在种植幼苗时重蹈覆辙，陈相涛经常会在“木木生物”的企业微信公众号上详细地分享自己的种植管理经验，语言真诚朴实，骨子里的他俨然就是一个想把培育种苗的技术与朋友共享的果农。

随着培育技术的不断完善，陈相涛也将公司规模不断地进行扩大。目前，公司已建造一座300多平米的组培实验室，100 亩的种植示范基地，并配备了拥有先进设备的连栋温室大棚。

对于这几年的创业生涯，陈相涛感慨万分，“创业，对于绝大多数人来说都是一次智慧与耐力的挑战，面对波谲云诡（多形容事物变幻莫测）时的迷茫，又或者是峰回路转后的余悸，大大小小的困难数不胜数，未曾经历过的人恐怕是无法体会到其中的艰辛的。”

资料来源：https://www.eol.cn/zhejiang/zhejiang_news/201809/t20180911_1624506.shtml

案例点评

技术创新能够给创业者带来丰厚的回报，但掌控不好也可能会使其颗粒无收，因此，创业者一定要通过加强自身的能力来减少技术风险发生的可能性。本案例中的陈相涛在创业初期就是因为技术上的失误才导致了一次又一次的失败。

第三节　大学生创业项目选择策略

理论导航

创业项目的选择是创业中最难、最关键的第一步。本节从六个方面提出了创业项目选择的策略：① 基于解决他人困难选定创业项目；② 分析已有商品存在的问题选定创业项目；③ 透视热销商品或社会热点现象背后隐藏的商机选定创业项目；④ 基于市场供求差异分析选定创业项目；⑤ 利用市场细分选定创业项目；⑥ 根据自身的喜好或特长选定创业项目。

大学生在选择创业项目时应遵循以下基本原则：做自己熟悉的、做自己感兴趣的、做自己可以掌控的、做市场需要的（产品）、做可持续发展的和做符合政策导向的。

精选案例

案例一 在需求中寻求商机，浙江农林大学生研发“云”打印机

每年一到考试季，很多高校里生意最“火”的要属打印店了，研究生入学考试资料、公务员招考提纲、期末考试真题、课程作业、毕业论文等各种资料都需要打印，使得小小的打印店常常排起长队。

然而，在浙江农林大学的校园里，学生们却连寝室都不用出就可以实现资料的打印。给大家带来这种便利的是一款叫“天天互通”非接触式智慧云打印机，该打印机是由本校机械设计专业2017级学生程星星创业团队研发的。如今，该打印机不仅在浙江农林大学里推广应用，还进驻了杭州电子科技大学、浙江传媒大学，越来越多的同学享受到了云打印带来的便利。

大学校园发现商机，投身创新创业

程星星是一名浙江农林大学机械设计专业的学生，老家在贵州。2016年，他第一次参加高考，就考上了齐齐哈尔工程学院。然而因为当时母亲病重，家庭无力承担入学的各项费用，他被迫辍学回家。

回到老家的程星星并没有放弃自己的上大学梦想。他在县上的文印店找了一份工作，边打工攒学费边照顾母亲，同时还积极利用零碎的时间备考。功夫不负有心人，2017年，程星星再一次参加高考，并被浙江农林大学机械设计专业录取。这次，他用自己打工挣来的钱交了学费，圆了自己的大学梦。

走进浙江农林大学不久，长期在文印行业打工的他就发现：现在的大学生有很多作业、材料都要求打印，如果每位学生都买打印机，那根本不现实。因此，每年一到考试高峰期，学校里的打印店生意都很“火”。与此同时，校园打印市场需求虽然大，但是利润却不高，很多同学都只是打印几页资料，如果打印店为了这些小业务增加工作人员服务，并不能带来同步的利润，因此校园打印的供需矛盾在很多高校都存在。

既然同学们对打印的需求这么大，而到打印店去打印又不方便，那么能不能探索一种新型的打印模式，研发一款新型的打印机，让同学们足不出户就可以打印资料呢？程星星觉得，现在国家十分重视创新创业，如果自己真的能够探索新的打印模式，不仅能够服务学生，也许还能解决自己的生活费，甚至还可以为毕业以后的创业打下基础。

学生组团研发设备，受到同学热捧

说干就干。2018年10月，为了准确掌握全国高校打印市场的真实情况，程星星发动身边的五十多位同学针对校园打印和学习资料共享难的问题进行调研。

在接下来的一段时间里，他和同学们以电话和问卷等形式，对全国20多个省市的300余所高校进行了调研。他们发现，校园现有的打印方式普遍存在诸多不便：一是，传统打印店的打印时间受限、排队较长，传统的打印服务需要使用U盘等方式传输文件，增加了病毒感染的风险，而且电脑是公用的，同学们的个人信息安全得不到保障。二是，缺少高效的学习资料分享渠道，同学们考公、考研等需要大量的学习资料，有时还需要跨年级、跨专业、跨院校的相关资料，但是，目前高校里并没有一个高效的资料分享途径。

既然有需求，就一定有市场。2019 年 2 月，程星星拿出了自己打工积攒的钱，团队成员也各自拿出自己的积蓄，大家合伙成立了杭州梦程网络科技有限公司。公司的宗旨就是希望研发一款校园云打印设备，可以方便同学们随时进行线上打印，免去排队的麻烦，同时还能够高效地进行学习资料分享。

2019 年 4 月，程星星和团队成员依靠专业优势，研发出了一台“天天互通”非接触式智慧云打印机（见图 4-3），并于 9 月初开始在浙江农林大学部分公寓楼下进行试运行。因为价格便宜、打印方便、隐私安全还有保障，首批云打印机一出现就受到了同学们的热捧。

图 4-3　非接触式智慧云打印机

创新产品不断升级，改变打印模式

和传统打印机不同，程星星团队设计的打印机能够让同学们足不出户就能满足打印需求。同学们只要坐在寝室里动动手指，将需要打印的资料上传到“天天互通”小程序，就能根据寝室楼下的“云打印机”序号，在小程序上选择相应打印机进行打印。同学们既不需要到打印店，也不需要排队，更不需要 U 盘传输资料，就能实现资料的打印，十分方便、快捷。

此外，这款小程序不仅能用于资料打印，还能实现学习资料共享，它上面有一个大学生学习资源共享社群，同学们只需将想要分享的学习资料上传到小程序上，其他用户就可以按需付费下载相关资源。

随着同学对该款打印机的热捧，如今浙江农林大学各个寝室楼大厅里都放置了“天天互通”非接触式智慧云打印机，让很多同学都享受到了这款打印机带来的便利。据不完全统计，截至 2020 年年底，云打印机的用户数量已经达到 5 万多人，并且用户数量还在持续稳定地增长，平均每台设备每天能够打印 450 张甚至更多。已有将近 10 000 份资料共享到后台，累计点击率已突破百万。团队已经向近 10 所高校投放了 100 多台设备，并与 27 所高校达成了合作协议，公司自成立以来总营业额累计超过 150 万元。

最难能可贵的是，程星星深感自身成长之艰，在工作上特别照顾有家庭困难的同学，优先为家庭经济困难生提供工作岗位。2020 上半年，疫情导致学校无法正常开学，公司业务难以正常开展，程星星依旧给予在公司勤工俭学的 16 位学生每人近千元的助学补助。

程星星对自己的未来道路规划十分明确，那就是继续创业，让更多的学生能够享受到云打印带来的便利。他说："客户的需求是我们努力的方向，'自强不息，修己助人'是我们公司的企业文化，我们相信，随着信息技术的不断发展和企业的不断创新，云打印一定会受到越来越多大学生的使用和肯定，我们也希望通过自己的努力，能够更好地服务广大学生。"

如今，程星星团队又全面投入使用了 2.0 版云打印装置，新版打印机在外观和功能上做了全面升级，不仅操作更简便、效率更高，而且共享的学习资源也更丰富。程星星说："创新是企业经营最重要的品质，公司在研发端从未止步，我们的设备也将会具备更强大的功能，满足更多同学对打印及相关服务的需求。"

资料来源：https://zhejiang.eol.cn/zhejiang_news/202101/t20210113_2068795.shtml

案例点评

不少创业者一味地认为，创办企业就是为了赚钱，哪些行业火、哪个项目赚钱就做哪个，其实这种想法是不对的。创业必须树立"企业是为解决客户需求而存在的"观点，这样才能确保企业长盛不衰。换句话说，也就是创业者要选择有用户需求的项目进行创业，才能长久发展。本案例中的程星星就是从学生的需求出发研发了这款打印机，从而开启了自己的创业生涯。

案例二　产业周边挖出创业"金点子"

在创业大潮持续高涨的时代，很多朝气蓬勃的年轻人开启了创业的逐梦之旅，创业对很多大学生来说是一种实现自我价值的方式，对索南加来说亦是如此。在以"创业赢未来，青春展风采"为主题的西藏自治区那曲市第三届高校毕业生创业大赛决赛上，索南加带来的项目荣获了一等奖。

脚踏实地，创业步伐异常坚定

索南加是西藏自治区那曲市比如县人，同其他创业者一样，成立公司之前，索南加也在创业道路上艰难摸索过。期间，他与其他两名大学生合伙在比如县开过茶馆、摆过地摊，一步一个脚印，创业的过程充满了艰辛。从开茶馆到 2018 年和伙伴一起在拉萨成立西藏热罗科技有限公司，是索南加靠着坚定踏实的脚步，一步步走出来的。

因为从小在冬虫夏草（以下简称"虫草"）产区长大，索南加与伙伴对虫草了如指掌，深知虫草采挖过程中的艰辛和不易。索南加说，因为家乡地理位置偏僻、客户群体不多、不了解市场等原因，很多大企业未能全面着眼于虫草产业周边可挖掘的市场，主要精力都是放在虫草本身的价值上，这让索南加和他的创业团队看到了机遇。

索南加介绍，虫草采挖后，根部会残留一定的泥土，为了不影响虫草的药用价值和购买体验，采挖者在挖出虫草后，需要当天就把附在虫体上的泥土清理干净，并在第二天暴晒在太阳底下，以求晒出金灿灿的颜色，卖出高价。"如果我们能利用好虫草的资源优势，挖掘虫草产业衍生出来的其他需求，无论是对作为创业者的我们，还是对作为客户的虫草采挖者来说都是一件好事。"索南加说。

说干就干，梦想落地开花

瞅准商机，索南加与伙伴花了几年的时间跟区外供应链齐全的企业建立合作关系，生产出了热罗牌虫草清洗机和虫草晒干器两款设备。清洗机能够代替传统的手工方式，以往一小时的工作量，用这款设备五分钟内就可以实现虫草的除土工作，从而节省了时间、解放了劳动力。而推出的虫草晒干器，可以在晒干过程中将虫体固定得更挺拔笔直，虫草锁在晒干器里，也不易丢失，方便保存。由于满足了客户的需求，索南加的产品一经推出便得到了虫草采挖者的大力追捧，大家纷纷排队抢购，短短时间就创造了 400 多万元的净利润。

“现今，大学生创业所呈现的积极状态，得益于政府部门高度重视青年就业创业工作，为青年创造了更多机会。”索南加说。

目前，索南加的公司共有 7 名工作人员，并拥有 7 个专利证书，被自治区科技厅评选为自治区科技型中小企业。索南加表示，在创业这条路上，有政府为创业者遮风挡雨、保驾护航，做创业者的坚强后盾，自己很幸运。

放眼未来，力争成为有担当的企业

作为行业里的先行者，探索过程是最艰难的，要花费很多时间和精力，成功之后有喜悦，也有随之而来的模仿者和竞争者。对此，索南加表示，自己公司有专业的人才团队，跟实力雄厚的区外企业也有合作，而且经过三年的经验积累，已初步有了自己的商业模式和成熟的渠道，产品也是越来越完善，所以对自己的团队很有信心。

对于公司接下来的发展，索南加也有明确的计划。他表示，公司的优势是虫草机，但是因为对虫草的依赖性很强，也存在一定的短板。因此，除了继续优化和改良产品，也会推出其他满足当地需求的个性化产品。在此过程中，将逐步扩大公司规模，提供更多的就业岗位。

“我们将本着不断进取的心态，争取成为有创新有担当的本土企业，以自己擅长的资源整合能力和对产品独到的理解，我们有信心在未来三年内从竞争激烈的市场里脱颖而出，成为本土企业中的模范企业。”索南加说。

资料来源：http://tibet.cn/cn/index/edu/202112/t20211215_7116160.html

案例点评

解决他人的困难通常是企业成功的商机。索南加及其团队生产出的热罗牌虫草清洗机和虫草晒干器，为虫草采挖者解决了泥土清理和晾晒的困难，满足了客户的需求，因此该产品一经推出便得到了虫草采挖者的大力追捧，短时间内就创造了较高的利润。所以说，创业者在选定创业项目之前，一定要做好充分的市场调查，找出当前尚未被满足但又被消费者广泛需求的产品，这样生产出来的产品才不致于脱离市场，从而才能获得收益。

案例三　大学生回乡创业养牛，从挑牛粪开始干起

陈柳是浙江纺织职业技术学院 2011 级外贸专业毕业生，她的家乡在浙江省临安市清凉峰镇大鹄村，这里有着十分丰富的自然资源。

毕业后，陈柳曾经通过市场调查发现国内高端牛肉品牌是一个空白点，而且，目前国内牛肉市场约 20%的缺口需要通过进口补给。与此同时，随着国民生活水平提高，对牛肉的需求量也逐渐升高，市场的空间和潜力都很大。陈柳想：“如果把马啸小黄牛做成一个产业，家乡就可以多一个产业发展，也能进一步带动当地农户增收。”

2014 年，陈柳辞去宁波市一家大型外贸公司的工作，回到家乡创办了杭州陈柳农业科技有限公司，开始了她的养牛创业之路。

在家人的帮助下，陈柳建设了牛场，并收购了几十头马啸小黄牛。创业才刚起步，打击却接踵而来。一场暴雨，把通往牛场的唯一山路冲毁了，导致车开不上去。整整 3 个月，陈柳和父母只能每天背着草料走 3 公里的山路去喂牛。没过多久，他们又遭遇了口蹄疫（发生于牛、羊、猪等偶蹄动物的一种急性、热性、高度接触性传染病）危机。但重重的困难并没有打倒陈柳，为了提高专业知识，陈柳利用互联网的便利，在全国搜寻养牛专业人士，建立了一个兽医资源群。

头一年，陈柳把养殖的 20 头成年牛在朋友圈宣传并预售，出乎意料的是，20 多头小黄牛被一抢而空。随后她又将 30 多头牛进行预售，短短几天内这些牛也被预订完了。高品质的牛肉吸引了大量的回头客，第二年陈柳选出的 40 多头牛又被一抢而空。这下村民坐不住了，开始陆续加入陈柳的养牛队伍。带动村民养牛致富，原本就是陈柳回乡创业的初衷，陈柳除了自己养牛，也开始为村民提供各种养殖方面的服务。

如今，陈柳公司的养殖规模已从创业初期的 100 头牛增加到 2 000 多头，每头牛的利润也从最初的 2 000 元增加到 7 000 元。通过定向收购，陈柳的公司成功带动当地一大批农户走上致富路。同时，其公司也先后获得临安标准化养殖场企业、浙江省中小型科技型企业、浙江省美丽牧场、杭州市示范家庭农场、临安十佳巾帼现代农业科技示范基地等荣誉称号。

目前，陈柳仍在不断拓展销售途径，和各大生鲜超市签订合作意向协议。随着陈柳公司产业规模的不断扩大，她还与当地 10 余户饲草种植大户建立了合作关系，进一步提高了当地养殖户的积极性，给村民们创造了更多就业机会，拓展出一条新型农业致富路。

资料来源：https://www.163.com/dy/article/G14K5QAG0514CDBK.html

案例点评

创业项目选择是创业者在创业过程中最先遇到的问题，能否找到好的创业项目在很大程度上决定了创业的成败。从空白市场入手，进行深入挖掘和经营是创业成功的捷径。大学生陈柳创业成功的关键就是因为她挖掘到了国内高端牛肉市场的一个空白点，选对了创业项目。

创业资讯——2021 年创业项目新风向

2021 年已经到来，新的生活、新的奋斗也已开启。站在当下，我们不仅要总结过去，汲取 2020 年的经验；更要展望未来，及早做好规划，这样才能在瞬息万变的商业环境中抢占先机。那么，2021 年有哪些机遇需要重点关注？在这里总结了 2021 年整个新经济领域的三大机遇，以及将会爆发的四大风口，供大家把握趋势、抓住商机。

三大机遇

中小企业之年

2020 年，堪称是中国互联网的反垄断元年。尽管《反垄断法》实行已有 12 年，但此前从来没有正式将互联网行业专门纳入，并且也未对巨头们的垄断行为有太多真刀真枪的制约。

但 2020 年 1 月，国家市场监督管理总局官网公布了《反垄断法》修订草案《公开征求意见稿》。作为《反垄断法》实施以来的首次大修，《反垄断法》修订草案将互联网的垄断行为纳入了管理范围，并提高处罚标准。同年 11 月，国家市场监督管理总局再次发布《关于平台经济领域的反垄断指南（征求意见稿）》，提出要预防和制止平台经济领域垄断行为，引导平台经济领域经营者依法合规经营。

此外，国家也对多家巨头举起了监管利剑，巨头们纷纷被请喝茶“约谈”，没上市的上市被推迟，上市的股价遭遇暴击。毫无疑问，互联网反垄断强监管的时代将要来临。

在监管风暴下，互联网超级平台的扩张步伐会有所放缓，扩张手段也会受到诸多限制。但对于中小企业而言，将拥有更加广阔的发展机遇，那时行业竞争环境更加公平，创业者被迫站队或被收割的情况将会减少；行业竞争环境也会更加公平，拥有资源也会更加丰富，许多平台、数据将会被当作基础设施开放。

事实上，对于中小企业的扶持是大势所趋，因为发达国家的产业政策非常注重对中小企业的扶持，政策重心也多是集中于改善环境、降低风险。未来我国完成城市化后，中小企业在推动创新和促进就业方面的作用会更加凸显。

5G 产业加速

2020 年“新基建”是一大热词，5G、数据中心、工业互联网等基础设施建设都会大大提速，其中能够最先看得见、能在最短时间内见效的还是 5G。

2021 年，将是 5G 商用的关键年份。按中华人民共和国工业和信息化部的数据显示，截至 2020 年 10 月，中国累计建成 5G 基站 71.8 万个，是全球最大的 5G 网络，5G 终端连接数也已经超过 1.8 亿。在 2021 年，5G 新建基站将超过 100 万个。

《2020 中国 5G 通信产业创新与投资趋势》报告预测，2020 年至 2025 年，我国 5G 通信产业将迎来爆发式增长，标准的落地、终端产品更新换代，以及更加成熟的场景应用将给全社会带来经济增长。预计到 2025 年，我国 5G 通信市场规模将达到 3.8 万亿元，5 年间年均复合增长率（指一项投资在特定时期内的年度增长率）达到 30.8%。

5G 商用带来的种种变化，将会超过过去 30 年的总和。2021 年，“5G+”领域尤其值得我们关注。

产业互联网重构新经济

2003 年 SARS（非典型肺炎）带动了第一轮 PC（个人电脑）互联网的加速，而 2020 年的新冠疫情则是大大加速产业经济向数字化的转型。居民隔离在家，曾经熟悉的线下逛街购物、上班上课都变成了生鲜电商、在线办公、线上医疗、在线课堂等服务，数字业务保障了大家的日常生活、工作、医疗和学习需求。

事实上，疫情只是偶发的因素。在这二十年的发展中，我国实体经济正从“高速度增长”向“高质量发展”，从粗放型增长向创新驱动的效率型增长转变，这就要求企业的生产方式与管理模式也要发生变革，以网络化、数字化、智能化为特征的产业互联网就成为了这一时期的关键发展引擎。

2021 年，产业互联网会为我们带来两大机遇，一是具备数字化先发优势和技术积累的互联网公司，将会承担起“数字化助手”的重任，打通用户和产业的直接连接，帮助企业提质增效，进而满足用户深层次的个性化需求；二是所有的产业都将会被互联网改写一遍，传统产业的发展面貌也将由此改写。

四大风口

新能源造车逆风翻盘

2020 年，新能源造车领域处于萧瑟寒风之中，投入重金依然没什么起色。但是 2021 年，造车新势力们却迎来了逆风翻盘。国内新能源汽车三大巨头，蔚来、理想、小鹏的股价一路暴涨。蔚来自年初股价涨幅约 900%，理想约 90%，小鹏约 120%。

关于行业展望，据互联网数据中心的数据显示，2020 年中国新能源汽车销量约为 116 万辆，到 2025 年新能源汽车销量将达到约 542 万辆。新能源汽车 2020—2025 年的年均复合增长率将达到 36.1%。

资本市场为什么愿意给新造车势力这么高的估值？因为新能源汽车将传统汽车的最核心的部件——发动机、底盘和变速箱，换成了电池和电动机。此外，我们不能再用看传统汽车的眼光来看新能源汽车。事实上，这些新势力们正在从一家新能源汽车公司变为一家科技公司，涉及的范围包括人工智能芯片、大数据、新能源、新材料等各种前沿技术领域，边界早已远超普通意义上的汽车公司。

也就是说，未来新能源的竞争对手将不只是传统燃油汽车，还有高科技企业及石油、氢能源技术等领域的巨头。

互联网医疗行业迎来爆发

需求庞大、应用场景丰富，互联网医疗具备极大的应用空间。突如其来的新冠疫情，帮助互联网医疗冲破了此前的种种阻碍，带来了前所未有的利好。

近年来，《国家医疗保障局关于积极推进“互联网+”医疗服务医保支付工作的指导意见》《关于进一步加强远程医疗网络能力建设的通知》等政策接连推出，突破了互联网医疗在传统医保报销等制度上的束缚。加之许多民众的健康意识在疫后也有了大幅的提升，关于医疗保健服务等的消费需求得以迅速增长。

另外，随着中国 5G 建设的逐渐成熟，对于行业整体的信息化和数字化建构将带来强有力的助推作用。可以说，互联网医疗已到了质变的节点。在 2021 年，远程医疗、数字监控、互联网药房、医疗保健等发展都将步入快车道。

单身人群撑起的万亿生意

根据 2021 年婚姻大数据显示，近 5 年来我国结婚登记的数量在逐年下降。结婚数量的下降背后就是单身人口的增多。这一社会现象为社会经济带来了一轮新的消费风口。

比如“一人食”，以自热火锅为代表。根据相关数据显示，自 2021 年以来，有大量的资金流向了自热锅赛道，其中有多家企业甚至在不到半年的时间里就连续进行两轮融资，高瓴创投、经纬中国、华映资本、中金资本等知名机构纷纷下注。

还有“一人住”，以家电品类为代表。根据某平台数据显示，仅一年时间，平台上的迷你微波炉销量同比增长了 970%、迷你洗衣机销量同比增长了 630%、迷你语音智能音箱销量同比增长了 16 000%。

“一人玩”，如宠物经济、迷你 KTV、游戏陪玩等也成为了消费新风尚。据统计，2021 年双十一，在某平台上宠物类的食品及用品销售增长均超过了 100%，宠物品类的交易额同比增长超 3.5 倍。

从上述数据可以看出，“一人经济”正在持续增长，创业者如果能够抓住这一机遇，就会有所收获。

3 亿市场的银发经济

常言道，家有一老，如有一宝。现在各行各业的消费前沿已经不再单单是年轻人的事情，老年消费者的规模也在异军突起，成为一股不可忽视的消费力量。与此同时，和老年人消费相对应的银发经济（又称老年产业）正在以极快的速度迅速崛起。

众所周知，未来几年中国的老龄化人口有望达到 3 亿，中国已经快速进入人口老龄化社会，因此，如何养老已经成为全社会需要深层探究的问题。如今，很多城市已经开始了行动，积极打造相关的养老产业，细化养老产业链构造。不仅如此，国内很多行业巨头也已经在养老产业方面进行了布局。

据相关数据显示，2021 年，中国的银发经济产业规模超过了 5.7 万亿元。预计到 2022 年，中国的银发经济规模可以达到 6 万亿元。其中，银发经济主要包括了卫生健康、家政服务、保险、旅游娱乐、老年教育等各种方面。同时，随着互联网信息的普及，很多中老年网民也逐渐加入了网购队伍。据某电商平台数据显示，疫情期间，中老年人在线上对蔬菜、肉类等商品的购买率（购买某一产品的消费者数量占购买同类产品消费者数量的比重）翻了四倍。

总之，随着我国人口老龄化的加快，老年人生活观念的改变和生活水平的提高，以及消费方式的升级，银发经济已经成为一个值得大力开拓的新市场。

资料来源：http://www.zhicheng.com/cyzf/n/362428_6.html

第五章

创业者与创业团队

第一节　创业者素质

理论导航

创业对于大多数人而言是一件极具诱惑的事情，同时也是一件极具挑战的事。一个人要想获得创业成功，一定要具备基本的创业素质，拥有优秀的创业团队。本节主要讲述了创业者应具备的素质，以及提升创业者素质的方法。

一般来说，创业者应具备以下三方面素质：① 心理素质；② 道德素质；③ 专业素质。提升心理素质的方法有培养自信心、胆量和毅力。提升道德素质的方法有培养诚信、责任心、守法意识和节俭习惯。提升专业素质的方法有培养专业能力、管理能力和创新能力。

精选案例

JINGXUAN ANLI

案例一　创办沐苏里甜品店，走出一条创新创业的人生之路

马晓龙是甘肃农业大学农学院种子科学与工程专业的一名 2017 级毕业生。在学校里，他是优秀学生干部、学院学生会主席、甘肃农业大学农学院院徽的设计者；走出校门，他是大学生创业的佼佼者、“沐苏里”甜品店创始人、蔬菜营养蛋糕研发者与销售商、甘肃三枤共创智能科技有限公司的法人。

逐梦创业，起步校园

2016 年，正在读大三的马晓龙发现，3D 打印技术是一个前沿技术，他想在这个领域创业。于是，暑假期间，他去北京一个关于 3D 打印技术的培训组织里学习了一个月。

暑假过完，回到学校后，马晓龙和几位同学注册成立了甘肃三枤共创智能科技有限公司，开启了 3D 打印的创业之路。他原以为拥有一台 3D 打印机就可以创业了，但事情并没有那么简单。从建模到成型再到销售，一系列的问题扑面而来，而他又缺少处理具体问题的能力。折腾了一年，马晓龙的第一次创业失败了。

虽然马晓龙的第一次创业以失败告终，但这一年磨炼了他的心智和意志。此外，在这一年时间里，他花费四个多月的时间，为农学院设计了院徽。同时，他还策划了一场别开生面的农学院毕业生晚会，轰动了整个农大校园。

捕捉商机，从头再来

2017 年 6 月，马晓龙大学毕业后选择了就业，在工作之余，他看到一个品牌不错的甜品店正在寻找加盟商。对于甜品店他还是比较熟悉的，因为在校期间他经常和同学一起去光顾学校里的甜品店，生意很不错，而且年轻人是消费大军。

他想，“年轻人的市场那多大啊”！创业的梦想又一次燃烧起来。马晓龙认为，创业就是一个捕捉商机的事。像这样的项目，投资小，容易操作，只要踏实干，业绩自然会好起来的。

说干就干。2017 年 9 月，马晓龙辞去了工作，专门考察了甜品店市场后就加盟了。甜品店开业初期，马晓龙针对年轻人策划了一系列的套餐促销活动，该活动吸引了很多爱喝甜品的人，他的生意很红火。

重新定位，守正出奇

2018 年 3 月，马晓龙与加盟公司解约，自创了“沐苏里”甜品店。他说，沐苏里的寓意是“沐浴阳光，甜味苏醒，香飘万里”。他希望沐苏里制作的甜品能让人感受到阳光般的灿烂，春天般的温暖。

马晓龙认为，要想把一个甜品店做大，就要开分店。在短短半年的时间里，马晓龙连开了三家分店，结果分店在资金、人力、管理上都跟不上，只好关闭。

面对问题，马晓龙回到学校找导师咨询。导师认为他的甜品店发展需要重新定位，建议让他先开好直营店，然后利用所学的专业知识，开发一些独特的食品，拓宽经营，然后再开分店，实现稳中发展。

马晓龙想到了蔬菜营养蛋糕。他利用所学知识并在农学院老师的指导和帮助下，研发出了10多种蔬菜营蛋糕和面包。新品种的上市和口碑宣传，让他的“沐苏里”甜品店生意火了起来。

2019年初，马晓龙与甘肃物美新百超市有限公司达成合作，签署了物美超市兰州区两家店面小吃供货。此后，他又和平安保险、甘肃建投、易大天地等众多大型企业建立了合作关系。

从创办沐苏里，到今天沐苏里直营店拥有10 000多名会员，在网购平台上每日浏览量突破1万人次，马晓龙通过自己的努力，走出了一条创新创业的人生之路。

资料来源：https://www.zhizhigu.com/daxuesheng/420.html

案例点评

创业并不是一件容易的事情，需要付出很多，包括时间、精力和金钱等。创业过程中会遇到各种各样的问题和挫折，创业者既要学会总结问题，找到解决的方法；又要坚定信心、刻苦奋进、顽强执着。马晓龙在创业的道路上虽然经历了失败，但他依然努力奋进，最终取得了成功。而他所具备的顽强执着的品质是其取得成功的基础。

案例二　“乌鱼大王”养成记

凌刚基出生于1986年，是一位来自重庆市永川区临江镇的“80后”，当别的大学生在校园里埋头苦学时，他已经开始创业；当别的年轻人在都市享受生活时，他已经迎着日头开始劳作；当别的“啃老族”在抱怨生活时，他已经靠自己挣下了数百万。

初创失败，欠下债务不气馁

凌刚基从小就有一个梦想，要让自己变成富一代。据凌刚基介绍，他的创业之路起步于大学时代。上学期间，他卖过小数码、电脑，还向朋友和亲戚借钱，开了一家广告制作门店。

由于初出茅庐欠缺经验，第一次创业以失败告终，还欠下了数十万元的债务。但他没有被挫折击倒，而是在经过几个月的调整后干起了餐饮业，这是他的第二次创业。

再次创业，乌鱼火锅受欢迎

“我们老家有一种鱼叫乌鱼，因为它吃小鱼小虾长大，营养价值极高，是老弱体虚者的滋补佳品。”凌刚基经过市场调查后发现，人们对营养健康的食品越来越重视，乌鱼作为一种既美味又营养的食物，逐渐受到人们欢迎。

凌刚基先小试牛刀，在家乡开了一家乌鱼小餐馆，很快便打开了市场。市场的认可让他找到了自信，他马上又在成都开了一家名为“重庆何乌鱼”的火锅店。这一开便一发不可收拾。食客越来越多，口口相传，慕名而来找他加盟的人也越来越多。在达州、福建、青岛、九寨沟都有他的加盟店，如今已经开了29家门店。

深度创业，成功带来新烦恼

随着生意越做越大，刚刚沉浸在喜悦之中的凌刚基又有了新的烦恼。由于生意好，店里经常发生乌鱼断货的现象，让专程赶来的食客败兴而归。眼看着上门的生意因为没有乌鱼而做不成，凌刚基担心如果长期这样下去，将会对品牌造成不好的影响。于是，他萌生了自己养殖乌鱼的想法。

可是，凌刚基当时对养鱼“一窍不通”，是个不折不扣的“门外汉”。于是，为了学习乌鱼的养殖技术，他花了一个多月，到山东、广东、江西等乌鱼养殖规模较大的地区拜师学艺。学成后，他回到家乡重庆永川，在三教镇利民村、郝家坝村承包了 100 多亩地建鱼塘，当起了“养鱼人”。

与其他养殖户相比，凌刚基在品质方面下足了功夫。他对品质的要求几乎到了严苛的地步：对养殖环境的水温、溶氧、pH 值、水体透明度都严格要求；换水时严格从底部抽水，保证水的质量。此外，为了保证品质，他还要求自己开的火锅店必须使用自家的乌鱼（见图 5-1），这约占养殖总量的 60%，剩余的 40%将面向市场销售。如今，他的乌鱼在川渝地区的销售量已名列前茅。

图 5-1　乌鱼火锅

小有成就，带领更多村民致富

凌刚基在创业路上得到了各方支援。在团永川区委的牵线下，凌刚基获得了 YBC（中国青年创业国际计划）的支持，在资金和导师辅导方面得到了实惠。

如今，他的“重庆何乌鱼”远近闻名，他养殖的乌鱼也有了专门的“套房”。凌刚基说，在 YBC 及西南农业大学教授的帮助下，他和他的团队成功繁育出 130 余万尾乌鱼苗，但他只留下了几十万尾乌鱼苗自己饲养，其他的送给了想搞养殖的乡亲朋友。此外，为了让更多乡亲参与到乌鱼养殖中来，他还专门从自家的 30 个鱼塘中拿出 13 个作为“教练场”，让其他人学习养殖技术，并为他们提供统一的技术、销售指导。

资料来源：https://www.cqcb.com/yushang/xinwenbaodao/2019-04-22/1576926_pc.html

案例点评

“创业前，要挑选适合自己的创业领域，看准了前景，就要坚持，即使遇到挫折也不要轻易放弃。在实施过程中，要不断去想，有所创新，要充分发挥大学生在知识、技能、信息等方面的优势。”这是凌刚基的创业感言，同时也是对创业者的忠告。

案例三 广元利州“90后”小伙返乡种菌菇，带领村民奔小康

“按照当下有机香菇、木耳的市场价格，去年产量有 13 吨，除去成本、人工费，收入超过了 100 万元。”2021 年 1 月 15 日，记者走进位于广元市利州区白朝乡的徐家村，杨帆家庭农场的农场主杨帆扳着手指为记者算了一笔 2020 年的收入账，脸上露出了会心的笑容。

毅然返乡当农民，扎根深山种菌菇

杨帆 18 岁那年，由于家庭变故，家里仅剩爷爷和他相依为命，来不及悲伤，他便带着爷爷的嘱托走出大山，踏进了济南军区驻河南许都某部杨根思连。

退伍后，杨帆曾在九寨沟机场、成都移动公司打拼了 6 年，工作稳定有保障，乡亲们十分羡慕。“别人看到的都是你在大都市闯荡的精彩，但静下来总觉得不踏实，这个时候就特别想爷爷。”从此，杨帆便在心里编织着返乡的理由。

2017 年春节，杨帆回家陪爷爷过年，无意间吃到隔壁种植大户家的香菇，他连声叫好，说这种味道在大城市里吃不到。再看眼前的村庄，已与从前大不一样：平整开阔的水泥路，大片无人问津的荒林，路修通了、原材料也有了。“我要在家种香菇和木耳！”杨帆灵机一动，便有了此想法。

说干就干，杨帆拿出了自己积攒的 5 万元存款，流转了 100 余亩土地，开办起了“杨帆家庭农场”，种植香菇和木耳。从此，杨帆便一头扎进了故乡的泥土，再也拔不出来。

艰苦创业遭挫败，初心不改迎丰收

当理想扎根现实土壤，艰难往往超出想象。先是没有村民愿意到杨帆的农场务工，实在没辙的杨帆将自己仅有的存款换成了一沓沓零钱，承诺给村民日结工钱，这才请动了村民。来杨帆家庭农场务工的人也从 6 人升至 135 人。

农场刚步入正轨，又遭遇了几千个菌棒感染坏死的难题。见心急如焚的杨帆整宿睡不着，爷爷拿出养老钱交到了杨帆手里。拿着爷爷给的钱，杨帆哽咽着对爷爷说道：“我不相信有克服不了的困难！”重整心情后，杨帆便前往青川学习经验技术，最终将菌棒感染的势头遏制住了。

解决技术难题后，杨帆夜以继日地在菌菇农场里劳作。付出终有回报，在尝遍了创业的各种苦头后，杨帆的家庭农场终于迎来转机。农场的第一茬木耳喜获 2 400 斤的大丰收，按照当时的市场价，仅凭木耳就得到了近 10 万元的收入，看着用心酸和汗水换来的收获，杨帆喜不自胜。

如今，杨帆家庭农场的食用菌种植技术逐渐成熟，木耳、香菇也通过了农产品有机认证。同时，通过网络平台和亲友的推广，杨帆的产品受到了全国各地线上线下客户的青睐。

致富后不忘众乡邻，带领村民奔小康

在尝到创业成功的甜头后，杨帆积极带动周边村民参与到食用菌种植的行列中来，不仅为他们提供就业岗位，还免费传授种植技术。

自从在杨帆家庭农场的带领下发展香菇、木耳种植以来，白朝乡新房村 4 组村民杨礼先的日子越来越好。杨礼先说，“以前在家务农没啥收入，现在跟着年轻娃学了香菇种植技术，在家门口就把钱挣到手了！”目前，杨礼先已种植木耳 2 万余段，香菇 5 000 余段，产值在 10 余万元。再加上夫妻俩常年在杨帆家庭农场的务工收入，家庭年收入达到了 15 万元。

像杨礼先一样，经过杨帆带动种植香菇、木耳的村民种植户共有 20 余户，其中种植大户就有

5 户。同时，杨帆家庭农场坚持使用村里的闲散劳动力，每年务工支出 40 万元左右，长期用工 15 人，季节性用工 135 人，带动了 63 户共 130 人增收。2021 年，除了种植香菇和木耳，杨帆家庭农场还种植了 75 亩羊肚菌，不出意外，今年年收入将达到 200 万元。

资料来源：https://cbgc.scol.com.cn/home/720905

案例点评

作为创业者，首先要做到的就是强大自己的内心，在遇到挫折后，要学会给自己打气，更要坚定信心继续走下去，这是对事业负责的表现。其次，要肩负起对员工的责任，只有如此才能让自己在创业的道路上走得更远。

杨帆在创业之初承诺给村民日结工资就是对员工的负责；在遇到菌棒感染坏死后，又外出学习经验技术，这是对事业的负责。杨帆正是凭着这份责任心，才获得了今天的成就。

案例四　大学生利用中医技术发明新型口罩

春夏交替的季节容易诱发过敏性鼻炎，这让不少人叫苦连连。现在有一种口罩，它不仅可以防雾霾，还可以预防鼻炎，而它的发明者是“95 后”女孩肖淑雅组成的创客团队。

曾经的鼻炎患者发明新型口罩

肖淑雅是一名安徽中医药大学中医学专业的学生。在校期间，虽然她深深折服于中医的魅力，但在全国“大众创业、万众创新”的热潮下，以及在校园大学生创新创业的浓厚氛围中，她也积极参与了各种社会实践、大学生创业培训等活动。

肖淑雅曾经是一名过敏性鼻炎患者，换季和刮大风的时候容易流鼻涕，但她一直不以为意。直到在参加完学校举办的 3 000 米长跑项目后，她的鼻炎彻底爆发了，眼泪鼻涕一大把，跟重感冒似的，别提多难受了。于是，她找到学校的周老师给她开了 7 服中药。

这件事后，肖淑雅有了一个大胆想法，就是将外治鼻炎的中药和口罩结合起来，既方便使用，成本又不是太高。在查阅文献和调研完口罩市场后，她发现，随着空气污染加重、亚健康人群增多等，中国患鼻炎的人也越来越多，但市场上还没有一款既能防雾霾，又能预防鼻炎的口罩。肖淑雅意识到，“搞事情”的好机会来了。

之后，她找到了 4 位志同道合的大学好友，组建了一支中医创业小团队。通过多次试验和测试，肖淑雅和她的团队终于研发出一种中医药保健口罩。

产品研发出来后，肖淑雅和她的团队又多次对其进行完善，并根据不同的季节，推出了不同的产品。比如，有防治流感花粉柳絮过敏的春季产品、清凉解暑的夏季产品、滋阴润肺的秋季产品，以及用于保暖防寒的冬季产品。肖淑雅介绍，口罩上还有一个可塑硅胶鼻夹。鼻夹不仅可以稳定口罩，还可以按摩迎香穴，同时也能有效缓解鼻塞、喷嚏、流涕等症状。

成功入驻安徽省皖科融创创业平台

当她们克服各种问题研发出成品后，资金投入这个现实难题又摆在了团队面前，但好在她们的母校——安徽中医药大学及时伸出了援手。

与此同时，安徽中医药大学团委也将此项目作为安徽中医药大学重点扶植项目，并助其从学校的创业孵化基地成功入驻安徽省皖科融创创业平台。短短一年时间，肖淑雅和她的团队荣获了安徽省大学生创业大赛金奖等多项荣誉，并在 2017 年 3 月成功注册了安徽百会中医养生健康科技有限公司，随后正式将中医药保健口罩推向市场。肖淑雅告诉记者，现在她们的产品已经获批“皖新百会”商标和相关专利。未来，她们团队还将研发出更多和中药有关的产品，让中医养生理念惠及更多人。

资料来源：http://www.centv.cn/p/323952.html

案例点评

大学所学到的专业知识可以帮助创业者进入行业，寻找到适合自己的方向，肖淑雅是一名中医学专业的学生，这与她后来创业发明中医药保健口罩息息相关。扎实的专业基本功让她有足够的实力去实现自己的创业想法，她也因此成了“第一个吃螃蟹的人”。

第二节 创业团队组建与管理

理论导航

创业团队是指由少数技能互补的创业者组成，为了实现共同的创业目标，达成高品质的结果而努力的共同体。创业团队需具备目标、人、定位、权限和计划五个重要的组成要素，简称为 5P。要组建一个优秀的创业团队，应特别注意以下几点：彼此了解，相互信任，理念一致、目标相同，取长补短、相得益彰。对于创业团队的管理，应主要从以下几方面着手：打造团队精神、设置创业团队的组织结构及优化创业团队的运作机制。

精选案例

案例一 乘风破浪的“多肉”创业团队

有通体白色的雪球多肉，有风车形状的彩色多肉，还有长得像玫瑰的多肉……位于陕西杨凌现代农业示范园区的一座日光温室大棚里，一排排形态各异、色彩缤纷的多肉植物生长旺盛，惹人喜爱。这是陕西省大学生创业明星、陕西垚（yáo）森园林景观有限公司总经理李松和他的伙伴们共同打造的多肉植物种植基地。

李松是杨凌职业技术学院生态环境工程分院园林规划专业的毕业生。2015 年 7 月，刚领了毕业证的李松组织召开了最后一次班委例会。为了毕业后大家还能继续在一起，全班 37 名同学决定借着“大众创业，万众创新”的东风，集资 3.8 万元注册了陕西垚森园林景观有限公司，主要开展绿化养护、园林景观设计与施工、园林信息咨询、花卉盆景租赁、农副产品种植和销售等业务。这群平均年龄只有 20 岁的大学生，凭着一腔热血，义无反顾地踏上了创业之路。

由于没经验、缺资金、少门路，公司成立之初屡受打击，最后在母校和老师的帮助下，公司相继承接了咸阳市污水厂养护、咸阳市市政绿化改造、西安经开公厕周边绿化和山水林田湖综合体规划设计等大大小小 50 多个项目。

2016 年，团队成员吴亮亮提出种植多肉的想法。于是，团队一行人用一个月时间赶赴四川、云南、福建等地摸清了多肉植物市场行情，并成立了陕西垚森园林景观有限公司全资子公司陕西垚森农林科技有限公司。第一次参加杨凌农高会，李松团队的多肉植物 2 天销售额就过万元。近年来，他们的多肉植物成为了杨凌农高会及农民丰收节的常客，“垚森多肉”在当地声名渐起。

为了培育出有特色的多肉植物，李松和团队成员反复试验，不仅改变了多肉的体型、性状，还成功水培了多肉植物，打破了多肉只能在既热又干的环境下生长的“魔咒”，培育出了白凤九号和水培多肉两大系列。2017 年 5 月，他们成功繁育的一批多肉植物被送到汉中市汉台区徐望镇徐湾村，成为村里的扶贫种植项目。2018 年，团队的“多肉景观萌”项目参加陕西省第四届互联网+创新创业大赛，获得陕西赛区四强第三名。

在创业这条大道上，这些青年风雨同舟，用智慧与汗水浇灌着梦想之花。目前，公司在杨凌和上海已有 8 个大棚，100 多个品种、34 万株多肉植物，主营业务也从多肉植物的培育、研发、批发和销售，扩展到了多肉植物景观设计、家庭园艺设计、多肉植物花艺和多肉植物主题婚庆。

在艰苦创业的同时，垚森团队还不忘回报社会。他们每年为当地高校毕业生提供实习、就业机会，并经常赴周边县区为当地群众介绍苗木病虫害防治知识，还将多肉种植技术无偿教给当地妇女，并免费提供种苗，形成了“农户种植+公司回收”经营模式。公司荣获了“杨凌示范区明星创业企业”，李松荣获了“第六届陕西省大学生创业明星”称号，并先后当选共青团陕西省三十大代表及共青团中央十八大代表。

2020 年春，陕西垚森农林科技有限公司在陕西股权交易中心新四板农科板成功挂牌上市，现更名为陕西垚森农林科技股份有限公司，公司发展迈向新征程。

“创业对于垚森团队成员们而言，是一个不断学习、不断激励的过程。这个过程不一定是完美的，但一定是十分完整的。”李松说：“因为我们至少在生命的一段时间内，把生活折腾成了我们自己想要的样子。”

资料来源：https://new.qq.com/omn/20200825/20200825A066O100.html

案例点评

创业最忌讳单打独斗，没有团队的助力，创业之路只能越走越窄。创业开始时，最好选择志同道合的朋友一起创业，以提高创业的成功率。案例中的这个创业团队由一个班的同学组成，他们相互之间非常熟悉，知根知底，所以团队的向心力和凝聚力都比较强，这也是他们成功的法宝。

案例二 四名大学生创业团队的励志故事

在湖北师范大学，有一处学生们很喜欢的地方，那就是创新创业学院。学院一楼的设计和布置，充满朝气和活力又兼具各种功能性。这里的设计和施工布置都是该校艺术学院四名大二学生完成的。

四名大学生是湖北吾艺艺创装饰设计有限公司的创始人，他们先后完成了多个乡村规划，以及校内和校外多个室内装饰设计，项目造价从十余万元到数百万元不等。在2018年6月30日举行的湖北师范大学互联网+创业大赛决赛中，他们获得了特等奖，并受到武汉一家投资公司的青睐，双方签订了投资合作意向协议。

志趣相投，分工明确的完美搭配

“我们这个团队，从大一就组建起来了。”性格活泼的黎宇菲说。黎宇菲是这个团队的主创人，来自湖北荆门，由于专业成绩优秀，刚进大一就当上了班里的学习委员。

大一上学期，在班主任的建议下，黎宇菲决定组建一支团队，可以跟着学长学姐参加实践。这个想法得到了室友李青青和田明颖的支持，她们又拉来班里的“技术男”刘长斌，组成了四人团队，如图5-2所示。

图5-2 工作中的团队四人

“我们四个人的性格都很好，是完美搭配。”黎宇菲说，组成团队后，四人相处过程中虽然也有些小摩擦，但大家都能心平气和地解决。在团队中，他们的分工很明确，黎宇菲善于交流，负责总调控和施工现场的对接；李青青专业能力强，负责设计；田明颖心比较细，负责文字编辑和财务；刘长斌在软件方面运用熟练，他就负责施工图的制作。

苦中有乐，从不自信到成立自己的公司

组成团队后，大一寒假，四人没有回家，而是跟着学长学姐前往黄石开发区大王镇的一个村庄，参与一个乡村规划的项目。

刚开始时，四人对自己的能力都有些不自信，但他们并没有服输，而是积极地向学长学姐和指导老师请教学习，渐渐地摸着了门道。回到学校后，他们开始狂补自己缺乏的专业知识。

到了大一暑假，他们再也不用跟着学长学姐参与项目，而是独立完成了孝感云梦县一村庄 300 亩的乡村规划。同时，他们还承接了学校学工办心理咨询室项目的设计、万达古筝琴房的室内设计和校内创新创业学院的设计和施工。

2017 年 9 月，为激起学生们的创业热情，湖北师范大学创新创业学院举办创业比赛，优秀的创业团队可免费入驻创新创业学院，学院为每个团队提供一间 21 平方米的工作室。黎宇菲带着自己的团队报名参加，最终征服评委，获得了免费入驻的资格。

这次比赛，给黎宇菲和她的团队打了一剂强心针，他们对团队的未来充满了信心。2018 年 1 月，为了让团队走向正轨，他们注册了自己的公司——吾艺艺创装饰设计有限公司。

不能忘本，公司盈利的 5%将投入公益

公司正式成立以后，承接的项目也比之前多了起来，黎宇菲及其团队成员开始考虑扩大团队规模。于是，他们在班级里寻找了几名志同道合的同学加入了这个团队。如今，公司成员已扩大到 11 人。

在盈利方面，黎宇菲表示，他们已经做到收支平衡，而且四人也已有半年时间没有向家里要过生活费了。第一次拿到自己赚的钱时，黎宇菲特别兴奋，给爸爸买了一根皮带，给妈妈买了一块手表。“父母对我们创业很支持，前期我们每个人垫的资金都是父母给的，他们根本没想到我们能赚钱。”黎宇菲说，家人的肯定和支持，对他们也是很大的鼓励。

赚钱了，除了孝敬父母，黎宇菲和团队成员还有一个想法——做公益。黎宇菲说，在 2018 年暑期，他们计划拿出公司盈利的 5%，在学院里设置一个公益读书角，回馈学校。以后，公司每笔盈利的 5%，他们都准备投入到一些公益项目中。

资料来源：http://www.hsdcw.com/xml/2018-7-17/926666.xml

案例点评

在大学生创业过程中，创业团队的力量发挥着至关重要的作用。做为一个团队，必须明确各成员自身的优缺点，然后根据各自的长处分配角色，这样大家结合在一起，正好相互补充，才能使团队高效运作。本案中的四名成员就根据自己的优势，进行了明确的分工，这使得每位团队成员都能在自己擅长的领域发挥作用，这种做法值得我们在日常工作和学习中借鉴。

创业资讯——防止创业团队分裂的九大法宝

在创业过程中，创业团队发生分裂是一个普遍存在的现象，而团队分裂会对企业造成两方面的损失：一是造成关键岗位的空缺；二是如果离开的团队成员仍然从事该行业，会带走部分客户和原企业的信息，从而加剧行业竞争。这些现象对于创业团队的每个成员来说都是不想看到的，所以，大家要设法防止创业团队分裂。以下给出了防止创业团队分裂的几大法宝，供广大创业者参考。

第一，树立正确的理念。要坚信组织能够健康发展下去，尤其不要用经典的理论“只能共苦，不能共甘”、天下没有不散的宴席、过河拆桥等来支配自己的思想，脑子里根本不应有这种想法，有这种想法本身就为失败的结局埋下了种子。

第二，加强团队成员之间的有效沟通。在创业团队的合作过程中，肯定会面临意见不统一的问题，此时创业团队的每位成员都要学会积极地与他人沟通。只有不断地沟通，才能拉近彼此的距离，从而才能让团队合作更加顺畅，团队工作效率更高。

第三，学会换位思考。换位思考是一种心理体验过程，是指在人际交往过程中，能够体会他人的情绪和想法，理解他人的立场和感受，并站在他人的角度思考和处理问题的能力。简单地说，换位思考就是站在对方立场进行思考。创业团队要想精诚合作，大家必须学会从他人的角度考虑问题，更多地为他人着想。

第四，加强制度建设。制定完善的制度，有助于避免团队分裂。一是需要以制度的形式确定一个清晰的利润分配方案，把最基本的责任、权利和利益界定清楚，尤其是把股权、期权、表决权、分红权、增资、扩股、融资、撤资、分工、解散等与团队成员利益密切相关的事宜在制度上体现出来；二是需要在薪酬制度的设计上尽量明确具体，避免成员之间的利益冲突；三是需要加强沟通制度，包括股东会议制度、例会制度和冲突协调制度等。

第五，做到对事不对人，就事论事。在处理问题时，可针对事情指出错误或不足之处，但不要针对某个员工当众指出其缺点，这样可能会导致团队凝聚力下降。

第六，不要太计较小事。若某些事情发生了，此时应该多想想如何解决问题，而不是追究责任。因为这样不但不能解决问题，反而会让问题更加复杂化。

第七，不要怀疑对方。切忌不要怀疑团队的某个人，用人不疑，应该放手让他去做。而且怀疑还会伤了和气，导致心理上出现裂痕。既然是团队合作，就不要怀疑对方，怀疑是基于不信任为前提的。

第八，防范有人挑拨离间。企业管理者之间的矛盾，不要让下属来评论解决。如果双方沟通有困难，应该主动寻找外部的力量，尤其是双方都信得过的好朋友来“解铃”。如果发现企业中有人利用企业管理者之间的矛盾分歧达到个人的目的和损害企业利益，要及时防范和化解。

第九，一直向前看。创业过程中，遇到问题时应向前看，因为成功会给大家带来更丰厚的收获。如果盯住眼前的事情不放，只能是越盯矛盾越多，越盯矛盾越复杂，最后裹步不前。

资料来源：https://www.renrendoc.com/paper/120284363.html

第六章

创业资源与融资

第一节　创业资源概述

理论导航

创业不是引“无源之水”，栽“无本之木”。创业需要资源，创业者不可能完全靠一己之力轻松做老板，必须拥有一定的资源才能创业成功。

创业资源是指企业创立及成长过程中所需要的各种生产要素和支撑条件，是创业企业在创造价值过程中所需要的特定资产。按性质分，创业资源可分为人力资源、财务资源、物质资源、技术资源、组织资源。

创业资源的来源有自有资源和外部资源。获取创业资源的途径分为市场途径和非市场途径两大类。

精选案例
JINGXUAN ANLI

案例一　变废为宝，探索秸秆利用新模式

记者见到孔德元的时候，他正在检查院子里的农业机械，作为黑龙江沃野生物质收获包装设备有限公司的负责人，他说这是自己每天必做的事情。这些集秸秆收获、破碎、打包于一体的包装机械，主要用于玉米、棉花、芦苇等农作物秸秆的收获工作，经过全程机械化生产运作后，可把散状秸秆捆扎成外形整齐、规则的草捆，有效解决了高寒垄作地区秸秆收获难度大、效率低、压缩比小、运输成本高等一系列难题。

怀揣梦想，为创业积累经验

孔德元从哈尔滨理工大学集成电路设计与集成系统专业毕业后，就职于牡丹江市万通微孔技术开发有限责任公司（以下简称“万通公司”），从事产品研发工作，后前往美国留学。

留学期间，孔德元有机会参观了当地农场收获作业的场面，受高度发达的机械化作业及生物质（主要指农林业生产过程中除粮食、果实以外的秸秆、树木等木质纤维、农产品加工业下脚料、农林废弃物及畜牧业生产过程中的禽畜粪便和废弃物等物质）综合利用影响，他对生物质成型技术产生了浓厚兴趣。“联想到以农业大省著称的家乡黑龙江，有着充足的生物质资源，可为秸秆收获成型设备提供可靠的生产原料，生产原料的可再生性使得‘绿色’成型原料取之不尽，用之不竭，这让我再一次萌生了创业的想法。”孔德元说。

创业对于孔德元来说并不陌生，他在大学期间就做过尝试，虽然失败了，但他觉得这样的经历也是一种收获。“创业需先从业”，这是孔德元父亲警示他的一句话。父亲的话让他深刻地认识到，要想踏上创新创业之路不能仅凭头脑发热，而是要靠知识、技能和经验，一步一个脚印地往前走。

于是，在毕业后，孔德元带着自己的研究成果和创业构想回到了家乡，以个人身份和之前的工作单位万通公司签订了《技术合作协议》。任职期间，他边工作边搞科研，以主要发明人的身份提交申请专利 32 项，其中发明专利 5 项。现已得到授权专利 23 项，其中发明专利 1 项。

有了这些积累，两年后，孔德元在牡丹江成立了黑龙江沃野生物质收获包装设备有限公司，致力于秸秆收获打包系列设备的研发。当被问到为什么选择回乡创业时，孔德元只说了一句话：“这里是我的家，学成归来是必然的。”

致力研发，填补国内市场空白

谈及创业过程中遇到的难题，孔德元说：“最大的困难就是研发资金紧缺。”由于农用机械的作业环境十分恶劣，同时对于可靠性的要求又极高，这就需要进行反复的试验和修改，这一过程会耗费很多研发经费。“当地政府科技部门和人社部门得知这一情况后，采取多种措施帮助我们多渠道筹措资金，以维持研发正常进行。”

孔德元还告诉记者："当地的一些农民兄弟得知我们是在研发秸秆收获设备，都很热心，为我们提供免费的动力机械和试验场地，省去了一部分研发费用。"来自政府和老百姓的帮助使孔德元意识到："我们所从事的事业不单单是为了我们自己，更是为了整个社会的需要，这更坚定了我们创业的信心。"

正是在这种信念及信心的鼓舞下，孔德元的公司先后研制出针对不同运距及配套动力的 6 种不同机型，形成系列产品进入市场，其中破碎型圆捆机为公司首创，填补了国内市场的空白。该系列设备的设计主要针对高寒垄作地区（海拔高、常年低温、冻土常年不化的地区）农民的耕作习惯，并结合了东北、新疆及内蒙古地区农业生产情况研发生产的。

此外，团队还将研发重点延伸到秸秆燃料化。2017 年，在牡丹江市温春村建立了一个年产 5 万吨秸秆燃料的标准化示范基地，该基地采用自主研发的自动化秸秆压块生产线，2017 年一期工程已投入使用，当年生产秸秆压块燃料 1 万吨。

不忘初心，为家乡发展贡献力量

说起未来的发展规划，孔德元说："我会继续留在这里，致力于摸索建立生物质收获、存储、运输的新模式，为家乡的农业发展尽绵薄之力。目前，虽然黑龙江的经济实力与发达地区相比还有所欠缺，但人才政策和体制机制并不落后。创业这几年来，我切实感受到了省里对科技创新、科研人才和创业创新的支持。"

公司在筹建和运营过程中，孔德元得到了来自人社局、就业局、科技局、农委等部门的帮助。资金上有困难，他就跑科委、跑银行、找人社、找农委；产品研发上遇到困难，他就找科研院所、找高校开展合作。孔德元说："黑龙江虽然气候寒冷，但却拥有暖心留人的人才发展环境。"

在当前"弘扬爱国奋斗精神，建功立业新时代"活动的号召下，作为"龙江科技英才"，孔德元表示，一定会积极学习活动精神，树立牢固的家国情怀，"无论是作为一名科研人员还是一名创业者，都会自觉弘扬践行爱国奋斗精神，不忘初心，牢记使命，把个人理想自觉融入国家发展伟业，为实现中华民族伟大复兴的中国梦贡献智慧和力量。"

资料来源：http://epaper.hljnews.cn/hljrb/20181210/396873.html

案例点评

对于大学生创业者来说，要想让企业获得长远的发展，不仅要懂得利用自身的资源，还要学会利用外部资源。本案例中的孔德元就是通过不断地积累，获得了一些自有资源，包括自有技术、自己获得的创业机会信息、自己控制的物质资源等，这些资源为自己的创业提供了保证。同时，他还在创业过程中得到了政府和相关科研机构等外部资源的支持，从而解决了他在资金和技术上遇到的难题。

案例二 大学生返乡创业，建成千亩脐橙园

在江西省赣州市兴国县含田村有一片千亩脐橙园，几十名当地农户在此工作。火红的晚霞映衬着金黄的赣南脐橙，十分耀眼，如图 6-1 所示。脐橙不仅好吃，还是当地的致富"利器"。

图 6-1　赣南脐橙

创业要从娃娃抓起

园区的主人刘瑶，年仅 24 岁，已经建起如此规模的脐橙园，这个小姑娘“开挂”了吗？并不是，她只是把大学里空闲的时间都用在了创业上。

2016 年，江西农业大学迎来一批新生，刘瑶就是其中之一。好不容易熬过高中三年的苦读，又没有父母的管束，很多学生都会“放飞自我”，而刘瑶却已经开始思考：如何在不久的将来返乡创业种脐橙。

刘瑶怎会有如此想法？原来，在她小的时候，兴国县几乎家家户户都种脐橙，这些脐橙种植基地是当地村民的经济支柱。但是，那时村民们的种植技术并不成熟，种植方法也都比较简单、粗放。有一年，果树受到一种名叫黄龙病的病害袭击，这种病害传染性极强，严重影响脐橙的产量和品质，甚至造成作物枯死。而当地村民还没有找到防治这种病虫害的办法，只能眼睁睁地看着一片片的脐橙被侵害。

不仅如此，由于脐橙种植比较集中，而黄龙病的扩散速度又非常快，村民们只能亲手砍掉多年经营的脐橙。几万亩的脐橙毁于一旦，曾经郁郁葱葱的山也荒了，这给年幼的刘瑶造成了不小的影响。因此，她立志学习农业，不仅要抑制住这个黄龙病，还要建一个规模更大的脐橙园，把家乡的脐橙卖到全国各地。

刘瑶很清楚地知道创业并不是一件容易的事，因此，她常常利用闲暇时间在校园里摆地摊，把兴国县的农产品拿来卖。随着脐橙越来越受欢迎，刘瑶趁热打铁，和同学合作举办了“脐橙销售大赛”，很多同学都踊跃报名参赛。一段时间内，校园里到处都能听见卖脐橙的吆喝声。据刘瑶介绍，当时只了用两个星期就销售出了近万斤脐橙。

克服困难，建成脐橙园区

刘瑶知道，为了避免重蹈村民们的覆辙，先进的种植技术和管理模式必不可少。在校期间，她不仅学到了农业知识，还认识了很多农业专家。一有时间，刘瑶就向他们请教脐橙的种植技术、投入产出和发展前景等问题。同时，她还跟随校内专家前往各省的农业基地进行考察。

经过一段时间的考察分析后，刘瑶对自己的创业方向有了清晰的思路，她认为成立合作社，发展休闲农业会有很大的发展空间。于是在家人、朋友和学校的支持下，她创办了“兴国县丰采种养专业合作社”，聘请江西农业大学农学院徐小彪教授、黄春晖老师带领的专家团队作为技术指导。

然而，创办一家企业远比刘瑶想象的复杂。刘瑶选择的项目需要租用大面积的山地。最初，村民们认为合作社租走他们的土地就意味着抢走了他们的口粮田，大都不愿意将土地流转出去，有的同意流转后又反悔，更有村民阻挠合作社施工。于是，刘瑶挨家挨户上门做工作，承诺免费教村民农业种植技术、优先安排他们在基地里就业。通过耐心真诚地沟通，刘瑶终于得到了村民们的理解与支持，顺利流转了山地 805 亩。

有了土地之后，刘瑶便“一头扎进地里”开始创业，如图 6-2 所示。在江西农业大学专家的指点下，她精选品种、采用“宽行密株”（宽行，通风透光好，管理方便；密株，密度大，便于选用小冠树形，树体结构简单，便于掌握，增产量快）的种植方法，建成了自己的脐橙园。

打开销路，带动乡邻

产品有了，销售也是难题。在赣南地区，种植脐橙的农户很多，互相竞争下，脐橙很难卖出高价。不过，这难不住刘瑶，她制定了市场细分策略，将脐橙按个头、色泽等标准分类，品质最高的做礼盒，高定价；品质相对差的包装简单，低定价走量，如图 6-3 所示。

图 6-2　刘瑶在摘脐橙

图 6-3　等待打包的脐橙

刘瑶还带着脐橙走进一家家商场、超市寻求合作。凭借自家脐橙过硬的质量，很快就有 12 家商场、超市与刘瑶达成长期合作。不仅如此，刘瑶还将目光转向线上市场。2018 年，她在某电商平台开设了旗舰店，用于销售园区内的脐橙，并帮助村民销售当地其他特色农副产品。

在园区走向正轨后，刘瑶并没有忘记乡亲们。她不仅免费为村民们提供种苗、专业技术支持，还帮助种植脐橙的农户销售。同时，她还让村民来园区内工作。

奋斗还在继续

2020 年，脐橙丰收了，刘瑶的产业园在这一年里共销售了 100 多万斤脐橙，销量比去年同期增长了约 20%。虽然销量在不断增长，但受 2020 年疫情影响，消费者整体的购买力在下降，脐橙价格比去年跌了 30%～40%。

如今，刘瑶将脐橙园的面积扩大到了 1 300 余亩。之后，她不打算再扩张园区规模，而是引进更多国内外高端水果品种，坚持绿色、生态发展，将产业园做成示范园，把水果卖到世界各地。

资料来源：https://www.cqcb.com/yushang/xinwenbaodao/2019-04-22/1576926_pc.html

案例点评

虽然大学生创业存在社会经验不足、市场意识淡薄、管理经验缺乏等弊端，但在学校里学到的一些知识和技能却是他们创业道路上的宝贵资源。案例中的刘瑶就是利用自己所学的专业知识，加上村民们帮其流转的土地等资源进行创业，开启了自己的创业之路。

第二节　创业资源管理

理论导航

创业就是把创业机会和创业资源的开发与整合相结合的活动，创业资源的开发与整合伴随着整个创业过程。对于大多数创业企业来说，创业资源在未整合之前，多是零散的，因此，创业者需要整合各种创业资源，以使它们发挥最大的价值。

创业者需要开发与整合的资源包括人力资源、信息资源、财务资源、技术资源和行业资源等。创业资源的整合过程分为资源扫描、资源控制、资源利用和资源拓展四个步骤。

案例一　“90后”大学生创业做“知识付费”，8个月项目流水过千万

不管是三年前身处安庆师范大学，还是一年前站在中国传媒大学，杜正麒都不会预料到自己会走上“互联网+内容”的创业之路，更不会想到，短短八个月自己的创业项目会获得千万元的流水。

如今，毕业才一年，杜正麒已经分别在北京市和山东省拥有了一家公司，同时在浙江省杭州市一家公司持有15%的股份。

为了实现自己的价值，他放弃高薪工作选择去创业

对杜正麒来说，创业似乎是顺其自然的选择。早在上学期间，他在创新创业上就已经崭露头脚。2014 年，在学院支持下，杜正麒创办了安庆市梦想传媒公司，并在当年安徽省创业实践大赛中荣获优秀团队奖。2015 年，他成立了 CIP 文化传播工作室。

不仅如此，杜正麒还组建了一支团队，并借了一些设备开始到处接商演。他说："我们运用自身的专业技能去创业，实现自身的价值，这是很幸福的一件事情。"

2018 年 6 月，从中国传媒大学毕业后，至少有三家企业向杜正麒伸出橄榄枝，其中一家企业提出愿意拿出 10%的干股让杜正麒加入。也就是说，只要杜正麒愿意，除了每个月能拿到上万元的工资外，还能享受到 10%的干股分红，两年仅分红就有 50 万元。

"本来很开心有这样的工作机会，但我的一位在国家级媒体工作的好友问我，这一万元底薪就是你的价值吗？"杜正麒说，这让自己陷入了沉思，他用了一整夜的时间思考自己在这个平台能创造出多少价值，以及有多大的发展空间。最终，他决定放弃这次机会，选择了继续创业。

在中国传媒大学的学习经历让杜正麒意识到，自己手中的资源能帮助他做自己真正擅长的事情，那就是资源整合。这种创业不需要太多启动资金，但需要对运营模式有清晰的认知，而这正是杜正麒的优势所在。"之前一家配音公司找到我，让我帮忙对接几个配音项目。当时我就想，为什么不利用自己丰富的人脉来做中间合作商赚取差价呢？"

于是，在接下来的一个星期，杜正麒凭借之前读书及兼职过程中积攒的人脉，迅速对接了两百余位配音员和三家公司，第一个月便盈利七万余元，这更加坚定了他要创业的信心。2018 年 7 月，他在山东创办了山东正麒文化传媒有限公司；2019 年 3 月，他又在北京创办了橙子时代文化传媒公司。

目前，杜正麒的公司已经与掌悦读书、荔枝微课、喜马拉雅等大平台顺利对接，将书籍转成音频，为付费课程配音，进行原创课程的内容开发。虽然现在还是"知识付费"的寒冬，但公司卖得最好的一套书籍解读课单月流水就超过了 100 万元。

熬过寒冬，迎来了春暖花开

创业初期，杜正麒每天都要忙到凌晨一两点，有时候项目催得急了，就要忙一个通宵，熬夜对他来说是家常便饭。为了将项目做到最好，很多事情杜正麒都亲力亲为，他不容许任何一个环节出现差错。

不仅如此，杜正麒与很多人不同，他不怕甚至愿意在创业过程中遇到一些意想不到的问题，因为这样会激发他的好奇心和求知欲，从而使他充满斗志。

2018 年 7 月至 12 月，为了公司的配音项目及新媒体电台节目项目，杜正麒跑了南京、成都、上海、合肥等 21 个城市。谁能想到，路费却成了问题。杜正麒说，当时他联系了所有能借钱的朋友，总共借了 23 万元。

经过努力，杜正麒的配音项目很快进入了正轨，他抓住了"知识付费"这只"飞猪的尾巴"，赚到了第一桶金，不仅将创业路上的 23 万元借款还了，还为父母付了一套房子的首付。

面对新媒体的冲击，杜正麒决定顺势而为，搭上互联网的快车，谋求新的发展。谈及对未来的

规划，杜正麒表示，目前公司正在筹备几档自媒体节目，为迎接视频风口做准备。他说："我觉得年轻人最重要的是要有清晰的目标，有格局和眼界。不要因为没有钱而消沉，也不要因为赚到钱而迷失。做自己喜欢的事情并坚持不懈，一定会成功！"

资料来源：
http://epaper.ahyouth.com/paperdetails.php?CurrPeid=1680&CurrSid=15383&newsid=46629

案例点评

对于每一个创业者而言，都要面对资源匮乏的困难，但是，成功的创业者总是能够利用自己仅有的资源，巧妙地与其他资源整合，从而获得成功。杜正麒的成功不仅归功于他对自己有清晰的认知，对市场需求有充分的了解，还归功于他有较强的资源整合意识，懂得与其他平台合作来壮大自己的实力。

案例二 "石油女孩"的创业故事

每个人都有自己的财富梦想，财富的形成也并非命中注定的运气。陆玲玲这位普通的"80后"女孩子在珠宝定制店这一产业中成功掘金令人感慨。而更让人想不到的是，这位脸庞看起来还有些稚嫩的年轻女孩曾是一位石油工人。从石油业转战珠宝业，她经历了怎样的创业波折，其中又有哪些经验值得创业者学习呢？

谈门槛，需要专业知识以及相关的人脉资源

陆玲玲是一家珠宝定制店的店主，刚到而立之年。虽然她在成都盐市口的第一个店面运营没多久，但她早就有了自己的一套生意经，"个性化的定制方式及高性价比，使很多人开始选择做定制珠宝。"

一走进陆玲玲的小店，就看见十三个小框型玻璃柜台在中间依次排开，左边是三张白色复古桌椅，右边壁柜上是按品类错落有致排列起来的各种款式的饰品。店面虽小，略显拥挤，但陆玲玲还是设置了一个VIP厅供顾客休息。

初见陆玲玲，看起来比较娇小，像刚出校的大学生，"我看起来比较小，其实我是'80后'，现在都30了。"陆玲玲毫不忌讳说出自己的年龄。

珠宝是奢侈品，而珠宝定制更需专业的知识。想要在这一行创业，除了要具备一定的专业知识外，还要具备相关的渠道、人脉、圈子、客户资源等资源。显然，陆玲玲在这方面有自己的优势。她说，之前在北京做过这样的工作，了解了不少渠道，也积累了一定的人脉和资源。现在，很多客户就是以前积累起来的，而新客户也多是通过老客户介绍来的。

算投入，店铺成本300万元，原料花销占大头

有了客户目标后，财力也是一个重要因素。店面虽小，但成本也要300万元左右。其中，货物原料花费200多万元，店面装修50多万元，其他的就是店铺租金、人员聘用等费用。陆玲玲笑称，"虽然看起来费用较多，但风险较小，即使经营失败，宝石还是可以转卖，损失的无非是租金、水电费用

等，而这些相对较少”，“现在每月的支出五六万，营收基本上能够保证日常的开支；若是在旺季，收入是现在的2～3倍，一年平均下来收入接近100万元”。

看市场，北京竞争激烈，成都才是蓝海

如果将珠宝定制市场比喻成海洋，那么北京市场就是红海，竞争激烈；成都市场是蓝海，发展空间很大。“在成都刚起步，市场还没有被充分地开发。”虽然前景很好，但陆玲玲目前并没有开分店的打算，她说：“我们打算把店面打造成优质的精品会所，同时，为方便外地客户选购，我们的网站也正在建设，不久就能够开通。”

生意经，比商场便宜30%，面向特定群体

陆玲玲认为自己是靠个性化定制和高性价比取得与知名珠宝品牌的非对称优势，“我们提供的是个性化的珠宝定制，根据客户的需求进行设计，而且，因为提供的是裸钻的设计加工，价格要比商场便宜30%，性价比更高。”

小店商品的款式都是自己设计的，独特的设计、繁多的款式、丰富的品类，是小店的取胜之道，“我考察过本地其他的珠宝定制店，可以说，我们的款式设计是最丰富的，有300多种，而且宝石的品类也非常丰富。”

珠宝定制需要有准确的定位，特定的客户群体使小店在各个方面更有针对性。小店面向的是25～40岁这一年龄段的已婚或正准备结婚的人群，“成都是一个时尚城市，人们的消费能力高。而且，现在的年轻人喜欢这样的个性化消费。”

拥有明确的客户群体，也需要有针对性的营销策略。通过与高级会所、婚庆影楼、电影院及美容院等合作，这种互利共赢的模式有利于提高小店的知名度，同时也更有针对性。

人物背景，珠宝店主曾经是“石油工人”

30岁的陆玲玲进入珠宝定制行业已经有四年多时间了。“我以前是做石油的，因为当时把妈妈的戒指弄丢了，经一个姐姐介绍，接触到珠宝定制这个新鲜的行业”，对于自己这样机缘巧合地进入珠宝定制行业，陆玲玲现在仍旧忍不住笑，“认识了在北京开珠宝定制店的李姐，然后我们开始聊起来，感觉这个行业的发展前景很好，李姐也让我过来学习，然后就进入这一行了”。

“转业”之后，陆玲玲开始深入地了解这个行业，也通过在北京的工作积累了客源、人脉、渠道、专业知识等资源，这为以后在成都开店打下了良好的基础。“我喜欢这件事，也喜欢这样的发展模式。之后在与成都的朋友聊天的时候，我们都感觉成都的市场前景很好，于是合作在成都开了这家店。”

北京积累下来的资源为成都小店的开张提供了保证。同时，家人的支持也让陆玲玲没了后顾之忧，“我的爸爸当时说，你现在年轻，想做什么就做吧”。

资料来源：http://chuangye.yjbys.com/gushi/anli/536517.html

案例点评

资源是成功的首要因素。珠宝定制是专业性较强的行业，要想进入这个行业，创业者不仅需要具备一定的专业知识，还需要有强大的资金做后盾，更需要有固定的客源及人脉等资源做保障。上述案例表明，陆玲玲在珠宝行业就业期间所获得的资源，是她能够取得创业成功的关键因素。

案例三　大学生回乡创业，打通自由行最后一公里

浙江省湖州市安吉县是我国“绿水青山就是金山银山”理念的诞生地和实践地，乡村的振兴吸引了一批大学毕业生返乡创业，徐嘉蔚就是其中的创业者之一。他创建的民宿智慧联盟整合了安吉县的 1 500 多家民宿，为农家民宿业主带来直接收益。

在安吉乡村，点状分布着 300 多家农家民宿和十几家景区。散客来了，总是问民宿老板：“附近有什么好玩的，有没有优惠票？”当地民宿分布点多、面广，往往由老年人或夫妻经营，没有时间和精力去与大的景区对接。毕业于浙江财经大学东方学院的徐嘉蔚发现了这个行业的商机。于是，她从杭州的工作单位辞职，回到安吉县做旅游市场的创新，通过互联网把民宿业主链接起来，同景区管理方谈判合作：引来散客客流、降低景点门票价格，实现散客、景点和民宿智慧联盟的三方共赢。

在创业时，徐嘉蔚遇到了很多困难。徐嘉蔚说，创业的难点在于线下辅导民宿业主使用民宿智慧联盟，由于民宿分布点多、面广，想要将业主召集起来非常难，还好有安吉县委的帮忙，安吉县委积极对接山川乡、上墅乡等乡镇，帮忙召集民宿业主，连续组织开展了 15 场民宿业主培训会，现场传授业主使用徐嘉蔚的民宿智慧联盟。不仅如此，安吉县委还引荐徐嘉蔚入驻安吉县科创园“启迪之星”孵化，通过扬帆工程给她提供 10 万元贴息贷款支持，浙江省青创基金会点拨帮助民宿智慧联盟实现“T+1”的三方分账模式，彻底解决了平台垫资问题。

经过近两年发展，民宿智慧联盟已发展成为当地最大的旅游生态链服务商，整合了安吉县及相邻杭州市余杭区共 1 500 多家农家民宿、40 多家景区，加入民宿智慧联盟的民宿平均每户增收 2～3 万元。徐嘉蔚还建立起当地最全的农家民宿资源库和高效客服体系，从 2021 年 10 月上线以来，已为安吉农家民宿带来 30 多万元的直接收益，提升了农家民宿在淡季的入住率。

资料来源：http://career.youth.cn/dtxw/202203/t20220301_13489324.htm

案例点评

创业者能否成功地开发出机会，进而推动创业活动向前发展，通常取决于他们掌握和整合的资源，以及对资源的利用能力。许多创业者早期所能获取与利用的资源都相当匮乏，而优秀的创业者在创业过程中所体现出的卓越创业技能之一，就是创造性地整合和运用资源。徐嘉蔚创业的成功之处就在于他整合了安吉县现有的民宿资源，并进行了合理的运用。

如今，不少创业者总是抱怨自己没有资源，为何不打开思路，学学徐嘉蔚用别人的资源做自己的生意。

案例四 整合行业资源，创建“共享瑜伽”小程序

随着共享单车、共享汽车、共享充电宝等共享经济的盛行，越来越多的共享产品出现在我们的生活中。近日，记者在西安就发现了新的共享服务——共享瑜伽，不用下载手机应用、不用交押金、不办卡，只花九块九就能随时随地练瑜伽。

“90 后”女大学生创建“共享瑜伽”小程序

据统计，2016 年我国共享经济市场交易额约为 34 520 亿元，融资规模约 1 710 亿元，参与共享经济活动的人数超过 6 亿人。与此同时，现代人在努力打拼的同时也更加注重锻炼和保养自己的身体（见图 6-4），因此，瑜伽等健身活动越来越流行。

图 6-4 瑜 伽

2016 年，在西安出现了一种新的共享经济，它结合了“共享”和“健身”两个概念，让瑜伽这项运动以耳目一新的方式呈现在大众面前。对此，记者专访了共享瑜伽的创始人葛娇。

“共享瑜伽其实就是对城市内大量时段闲置的瑜伽馆资源进行整合，用户可在其平台上自由选择时间、地点、课程，按次付费。”某日，记者在共享瑜伽的自营线下体验店见到了它的创始人葛娇，在她看来，共享模式不仅可以提高瑜伽馆的利用效率，对于消费者来说也更加实惠和方便。

“市面上的瑜伽课程往往以月卡、季卡、年卡的形式销售，使用频率少、服务差、场馆倒闭等都会使消费者犹豫。”根据葛娇和她的团队的调研，会员卡模式是大部分瑜伽场馆的主要收入来源，但这种模式续卡率很低，又缺少新增会员，很难维持瑜伽馆的正常运营。

目前，瑜伽场馆每天开课普遍在三节左右，除去非营业时段，其教室和教练资源百分之七十的时间都处于闲置状态。

葛娇认为，会员卡有很强的地域、时间限制，在选择时段、课程上也不能够随心所欲。“我就想建设一个线上的共享平台，把遍布全城大大小小的几百家瑜伽场馆的闲置资源整合起来，让消费者在手机端就可以轻松完成瑜伽场馆的选择、约课、付款和评价等一系列操作，从而改善用户体验，优化和促进瑜伽行业的健康可持续发展。”

西安 60%的瑜伽馆已入驻该平台

据统计，目前我国常年参加瑜伽锻炼的人群已经超过了三千万人。《2016 年瑜伽消费白皮书》的

数据显示，2016 年中国瑜伽行业综合复合增长率（是一项投资在特定时期内的年度增长率）高达 58.3%。西安目前开设的专业瑜伽馆大约有 500 家左右，每天有 3～5 万瑜伽爱好者进行瑜伽训练。

葛娇的瑜伽共享平台以微信小程序为切入点，用户打开后自动定位，然后推送周边商家。选择进入后某个商家后，即可显示该商家的瑜伽课程类别、时间、可容纳人数和剩余人数，确认某项选择后，即可一键预约并用微信支付。

“一节课九块九，按次收费，无需担心会员卡浪费，不用下载、不用注册、不要押金，将以往因为价格和各种担忧而拦在门外的消费者都收入其中。”葛娇说。

“项目前期，每节课九块九收入中的大部分分配给瑜伽馆，后期将逐步增加共享平台的分成，使平台不但有良好的现金流，还会取得良好的利润。瑜伽场馆也可以根据客流情况，自主选择上线课程的数量和时段，让自己的场馆和教练资源得到充分利用。”小程序除了约课功能，葛娇还计划上传业内专家视频课程，也会邀请瑜伽场馆上传各自的教学视频，由平台进行筛选后免费提供给用户观看。

“目前共享平台已经签约了 300 多家瑜伽馆，每个上线的瑜伽馆都要进行认证，瑜伽课老师除了提供个人信息外，还必须提供从业资格证书，从而保证了课程的质量。”葛娇说。

西安创业环境好，适合做创业的起点

“我们最开始准备在上海落地，但最终我还是选择了西安。”葛娇说。如今，影响共享经济的更多的不是技术问题，而是商业模式的推广，这也是葛娇不选一线城市却选择互联网氛围略弱的西安的主要原因。葛娇表示，除了在陕西长大、在西安上学，有一定的情结外，她认为以西安的消费市场，足以支撑共享瑜伽的初始发展，未来将会在上海、杭州、成都等城市开展业务，并增加产品和服务种类。

“2016 年以来，西安出台了很多有利于创业者创业的政策，创业环境也越来越好，我想要落户西安，在西安开始，让更多的人知道，西安也有很牛的互联网人才和企业。”葛娇告诉记者，目前她们计划融资上千万，而且已经有四五家天使投资人和她们取得了联系。

资料来源：https://m.sohu.com/a/200033864_384315?qq-pf-to=pcqq.c2c

案例点评

企业资源在未整合之前大多是零碎的、低效的，要想让这些资源发挥其最大的价值、产生最佳效益，就必须运用科学的方法将它们有机地融合起来，这样才有可能形成“1+1>2”的局面。案例中的葛娇同学就是通过整合现有的资源，才实现了共赢的局面。

第三节 创业融资的选择策略

理论导航

对于一个胸怀大志并拥有先进技术或很好创意的创业者，若没有创业资金的支持就无法实现自己的想法。因此，如何有效获取资金是每位创业者极为关注的问题之一。

创业融资是指创业企业从自身生产经营及资金运用情况出发，根据未来经营发展的需要，通过一定的渠道或方式筹集资金，以满足后续经营发展需要的一种经济行为。具体来讲，创业融资的渠道主要有私人资本融资、机构融资、风险投资、天使投资和政府扶持基金。无论通过哪种渠道融资，这些融资都不外乎两类：股权融资和债权融资。

案例一 “青扶贷”圆了大学生的“韭菜根”创业梦

长期以来，贵州省丹寨地区百姓就有种植韭菜，腌制食用韭菜根的习惯。对于大学生创业者陈章林来说，小小韭菜根已成为其致富创业的好帮手。

2016 年，毕业于贵州大学的陈章林成立了丹寨溪林生态农业有限公司，该公司主要从事韭菜种植和韭菜根深加工。秉持“绿色生态农业”理念，其所选的原材均是马寨村当地生态化种植的本土韭菜，天然有机、品质优良。通过传统工艺与现代流水化生产相结合的方式，经过晾晒、发酵、腌制、包装等工序最终制成可即食、可佐餐、可做菜的风味佳品。

2020 年，该公司的产品销售额突破 58 万元，主要销往贵州省内及广东等地区。陈章林深知一个人富不算富，带领乡亲们一起富才是真的富。于是，他采取“基地+公司+种植户”的运营模式，公司不仅自己种植了韭菜，还积极鼓励和指导马寨村农户种植韭菜，通过统一采购，带领马寨村百姓致富增收，共享“韭菜”产业发展果实。陈章林本人也荣获了第四届“贵州省优秀农村青年致富带头人”、贵州省“最美劳动者”等称号。

面对成绩，陈章林最想感谢的就是农村商业银行。在创业之初，丹寨农村商业银行东湖支行的40万“青扶贷”为他的事业点燃了第一把火。2021年6月，陈章林又在“黔农云APP”（贵州省农村信用社联合社专门为广大用户开发的移动金融综合服务平台）上申请了10万元小额贷款修建新的厂区公路。

一直以来，丹寨农村商业银行“青扶贷”就是为了给像陈章林一样的创业青年提供帮助，解决产业发展过程中的融资难题，在贷款方式上，“青扶贷”以评级授信的方式发放，具有“一次核定、随用随贷、余额控制、周转使用、动态管理”的优势。并且，“青扶贷”与正常信用贷款相比，月利率优惠了两个点，有效降低了创业青年的融资成本。2021年以来，丹寨农村商业银行累计发放“青扶贷”贷款金额3 288万元，惠及241名青年，直接或间接带动600余就业人口参与发展。

资料来源：http://gz.people.com.cn/n2/2021/1110/c361324-34998867.html

案例点评

对于大学生创业者来说，创业的原始资金来之不易，筹资困难几乎是每位大学生创业者都会遇到的难题。所以，大学生创业者除了投入个人的积蓄外，还可以像陈章林一样通过银行贷款的方式取得创业资金。

案例二　30万元贴息创业贷款解了“95后”小伙的燃眉之急

大众创业、万众创新，尤其是对大学毕业生群体而言，在时代的浪潮之下，越来越多的高校毕业生走上创业之路，他们敢拼、敢闯、敢想，希望通过创业来实现自己的梦想，然而资金短缺、缺乏社会经验等，都是他们在创业初期会遇到的难题。

“听说为了鼓励和扶持大学生创业，政府部门出台的政策中有关于大学生创业贷款的？”“高校毕业生申请创业贷款额度有多少？申请流程复杂吗？”连日来，有不少“蠢蠢欲动”想创业的高校毕业生向相关部门咨询创业担保贷款政策。

“创业贷款政策是从‘真金白银’方面切实支持大家创业的，我申请到了30万元的贴息贷款，解了我创业路上的资金难题，给力！”谈起自己创办的服装店，毕业于中州大学的贾平凡高兴地说。

从打工到自主创业，“95后”小伙跨界创业

每天清晨不到6点，一个年轻的身影就会出现在郑州市陇海路欢乐湖童装购物中心三楼的商铺中。装包、补货、摆放商品……这是贾平凡每天最为平凡的工作内容。年仅25岁的他，如今要同时打理两家服装店。

“本来做服装行业就分淡、旺季，受疫情影响，实体行业发展就更难了，幸好有好的扶持政策，我贷了30万元，可算解决了创业资金的大难题!”贾平凡告诉记者，自己在大学期间学的是汽修专业，刚毕业时曾在某车行当了大半年的汽修学徒，由于工资不是很高，所以他决定自己创业。

由于贾平凡的父母在他很小的时候就在服装行业打拼，父亲在拉客源、给顾客推销服装时，贾平凡就会在旁边“偷师学艺”。渐渐地，贾平凡吸收了父母多年干服装的经验。于是，他开始尝试涉足服装批发行业。

“做服装的前期很难，一是客源少，二是缺资金。”贾平凡说，在他的店面开张时，仅前期的房租、物业、水电和货品就需要 50 万元左右。幸好父母亲支持他，给他拿出了 30 万元。那时，贾平凡手里的存款并不多，资金不足的压力几乎将他压垮，甚至让他动摇了创业的想法。

“一次就贷了 30 万元，政府贴息，申请也不麻烦”

贾平凡算了一笔账，两个店铺的房租、水电、货品等开销每月至少得 4～5 万元，虽然因疫情减免了一个月的房租，但每天还是入不敷出。正当自己一筹莫展之际，在和家人的一次日常沟通中，母亲向他提到了大学生创业贷款政策，并说这个政策对高校毕业生来说特别友好，贷款容易批，还有政府贴息，要他一定要好好了解下相关政策。

2019 年 8 月，贾平凡开始了解适合自己的创业贷款政策，并着手准备资料。他先去辖区劳动保障就业管理中心咨询，了解到申请创业贷款有抵押贷款和担保贷款两种方式。贾平凡选择了前者，他以自己的房产作为抵押物进行抵押贷款。

2020 年 4 月份，贾平凡申请的 30 万元贷款全部到账。“我听劳动保障就业管理中心的工作人员说，若不是因为受疫情影响，过完年我的贴息贷款就能到账。各个地方也是只需要跑一次就够了，还有专门的负责人，真是方便又快捷！”贾平凡表示，“我贷的这 30 万元可以使用三年，三年后就需要将钱还上，但如果三年后还需要这笔资金的话可以继续贷。而且，快到还款日时，还会有专门的工作人员和你联系该怎么做，不用担心会超过期限，非常方便。”

目前，贾平凡的两个服装店都逐渐走上了正轨，不仅解决了棘手的资金难题，也有了稳定的客源。

资料来源：http://www.dahebao.cn/news/1554936?cid=1554936

案例点评

创业者在创业过程中遇到资金难题时，不要只想到向亲友融资，还要善于利用政府的扶持政策，从政府方面获得融资支持。如果能够巧妙地利用这些政策和政府扶持，可以达到事半功倍的效果。贾平凡就是在遇到了资金困难后，结合自身情况，向政府申请到了 30 万元贷款，解了他的燃眉之急。

创业资讯 1——融资谈判技巧

谈判是一门技术，更是一门艺术。在企业融资谈判过程中，创业者往往会因为缺乏谈判技巧而导致项目融资失败。那么，创业者在面见投资人时应如何沟通，才能让项目融资不再那么艰难呢？下面列举了几点谈判技巧，供大家参考。

1. 聚焦要点，通俗易懂

创业者在给投资人介绍项目时，首先可以对行业内成功的或失败的案例作为参照进行简单介绍，这样不仅可以让投资人清楚地知道你在做什么，而且也考察了投资人对你所在领域的了解程度。其次，不要使用过多的描述性语言，而应抓住几个典型特点巧妙地进行介绍，如商业模式、投资回报、市场前景、竞争优势、发展规划和团队管理等，因为这些要点都是投资人感兴趣的内容。

此外，创业者在说话时，要遵循通俗易懂的基本原则，尽力避免使用过多的专业术语，这样才能够让投资人轻松听懂你要表达的内容。同时，沟通时要合理控制时间，切忌拖沓。

2. 一问一答，逻辑清晰

在回答投资人提问的问题时，创业者不要采用一问多答或者多问一答的形式，只需要对每个问题给予逻辑清晰、令人信服的回答即可。因此，创业者要对投资人最爱问的问题提前做好准备。例如，你这个想法的核心价值是什么？你的产品能给客户带来什么价值？你的核心竞争力在哪里？

对于融资额度问题，若投资人不提出，创业者不要主动提及，这是一个技巧。尽管计划书里有详细的财务计划与融资说明，但投资商还是会问你，如果他不问，你不要强调你想要多少钱，而是应该始终将重点放在此次沟通的要点或者投资人更为关注的事项上。

3. 坦诚相待，真实诚信

创业者要诚信，绝对不要说假话，即使是成功获得投资也要真诚地沟通，不要只报喜不报忧。

另外，在诚实的基础上，不必将商业机密全盘托出，但也不要只字不提，不然就没有核心竞争力了。创业者可以简单了解下公司法、股权配置与公司治理结构、风险投资可能存在的主要风险、投资人的投资方式与流程等，提前做好风险防范工作。

4. 坚持原则，守住底线

创业者要始终保持自己的主动权并守住合作底线，不要为了获得资金而过分地出卖自己应有的利益和权利，否则，这种不自信的表现反倒会让投资人放弃投资。例如，股权出让比例一定不能过高，这是创业者保持主动权的基本保障。

另外，谈判结束时，一般都不会有很明显的结果，更多的是让你回去等消息，这个时候千万不要问“您觉得我的项目获得您投资的机会有多大”这类问题。更不要咄咄逼人地说“希望尽快给我答复，因为还有很多投资人在约我”之类的话，否则，你之前的一切努力可能都会付之东流。只需在表达感谢之余，耐心地等待答复或者按照正常程序咨询结果即可。

资料来源：https://wenku.baidu.com/view/c7210479de80d4d8d15a4fe9.html

创业资讯 2——电动车企四强争霸

据外媒报道，在汽车这个资本密集型行业，各家电动汽车公司在开发新车型上投入了数十亿美元，并竞相在中国市场扩建基础设施，可见，2021 年这些公司在资金方面的争夺将继续下去。因为它们需要更多融资，以开发出续航里程更长、更加安全的电动汽车。同时，它们还必须投入巨资，在中国市场建设更多充电站，并向 14 亿消费者推销他们的产品。

随着电动汽车公司股价飙升，2020 年无疑是它们在融资方面千载难逢的良机。根据 Refinitiv（全球最大的金融市场数据及基础设施提供商之一）、彭博社（全球最大的财经资讯公司）以及各公司公布的数据，下面统计了 2020 年 1 月至 2021 年 3 月中国市场排名靠前的电动汽车厂商的融资记录，以及它们对这些资金的关键使用情况。

1. 蔚来：2020 年 1 月至 2021 年 3 月融资 61.1 亿美元，融资总额 96 亿美元

2020 年，蔚来经历了一场过山车式的旅程，从 4 月份濒临破产一跃成为全球市值第五大汽车制造商。

自上市以来，蔚来利用股权、债券和贷款等方式筹集资金，创造了电动汽车领域较为多元化的资本结构，如图 6-5 所示。据相关数据称，蔚来曾在 2018 年任命 Jade Wei 为其资本市场总监。同年，蔚来在美国上市，融资 11.518 亿美元。

2020 年，蔚来至少三次从股票投资人那里筹集了 48 亿美元资金。最近，蔚来在 2020 年 1 月份出售了价值 15 亿美元的可转换票据，是 2019 年 7.5 亿美元发行规模的两倍。它还在 2020 年私下配售了 2 亿美元的可转换票据。截至 2021 年 2 月中旬，其股价为 57.32 美元，是其 IPO（首次公开募股）发行价（6.26 美元）的 9 倍多。

Crunchbase（企业服务数据库公司）的数据显示，在 IPO 之前，蔚来从 A 轮到 D 轮融资中共筹集了 14.09 亿美元资金。

2. 小鹏：2020 年 1 月至 2021 年 3 月融资 51 亿美元，融资总额 77 亿美元

自 2020 年初以来，小鹏汽车已累计融资 51 亿美元。截至 2021 年 2 月中旬，小鹏汽车在美国交易的股票价格上涨至 43.41 美元，几乎是 IPO 时价格（每股 15 美元）的三倍。

2020 年 8 月，小鹏汽车（见图 6-6）在纽约证券交易所上市，融资 17.2 亿美元。同年 12 月，它又向投资人增发了 24.84 亿美元的股票。

图 6-5　蔚来电动汽车

图 6-6　小鹏汽车

小鹏汽车正将所融资金投入研发，其第三款车型定于今年正式推出并交付使用。该公司 2020 年交付了 27 041 辆汽车。

小鹏汽车于 2020 年 8 月份完成了 C+轮融资，从阿里巴巴和小米等投资人那里筹集了总计 9 亿美元。Crunchbase 的数据显示，从 2016 年至 2019 年的 A 轮至 C 轮融资中，该公司累计融资约 26.4 亿美元。

除了资本市场之外，小鹏汽车还在 2020 年 9 月份获得了 40 亿元人民币（约合 6.2 亿美元）的投资，用于建设第二家电动汽车工厂。2021 年 1 月份，小鹏汽车从银行获得了总额约 128 亿元的信贷额度，虽然尚未完全动用，但有利于公司现金流的平稳运行。

Refinitiv（市场研究公司）的数据显示，小鹏没有未清偿债务。

3. 比亚迪：2020 年 1 月至 2021 年 3 月融资 40 亿美元，融资总额 113 亿美元

与特斯拉和中国其他新能源汽车不同，比亚迪在转向电力之前是一家传统燃油汽车制造商。在亿万富翁沃伦·巴菲特的支持下，比亚迪在中国香港上市，并于 2002 年开始生产电动汽车。截止到 2020 年 12 月，其电动汽车的销量超过了传统汽车。

Refinitiv 的数据显示，比亚迪同时涉足于股票市场和债券市场。2020 年，比亚迪通过发行债券筹集了 2.828 亿美元资金。该公司表示，出售这些股票是为了加快用新能源汽车和智能汽车取代汽油或柴油驱动的汽车。

2021 年 1 月，比亚迪通过发售新股筹集了 298 亿港元（约合 38 亿美元），这是该公司自 2016 年以来首次利用公开市场筹资。

按市值计算，比亚迪是全球第三大汽车制造商，仅次于特斯拉和丰田，旗下的电动汽车品牌包括秦、宋、汉和唐。比亚迪还是世界上最大的电动公交车制造商。

Refinitiv 的数据显示，从比亚迪上市到 2021 年 3 月，该公司从股票市场筹集了 79 亿美元，从债券市场筹资 34 亿美元。

4. 理想汽车：2020 年 1 月至 2021 年 3 月融资 24.6 亿美元，融资总额 31.6 亿美元

在过去 14 个月中，理想汽车是最多产的融资者之一。2020 年 7 月，理想汽车在纳斯达克通过首次公开募股上市，如图 6-7 所示。上市期间筹集了 10.925 亿美元资金，随后在 12 月出售了价值 13.63 亿美元的股票。

图 6-7 理想汽车在纳斯达克通过首次公开募股上市

理想汽车是中国首家致力于将所谓的电动汽车续航里程技术商业化的公司，该技术有助于解决市场充电基础设施匮乏和电池容量有限的问题。如果汽车电量耗尽，内燃机就会启动。

Crunchbase 的数据显示，通过 A 到 C 轮融资，理想汽车共筹集了 6.76 亿美元资金。就在 IPO 前夕，汽车交易服务平台灿谷向理想汽车投资 3 000 万美元。根据 Refinitiv 和彭博社的统计数据，理想汽车不存在未偿债务。

资料来源：https://www.cnbeta.com/articles/tech/1096077.htm

第七章

创业计划

第一节　产生与研讨创业构想

理论导航

创业构想是对打算创办企业的基本业务所做的描述，即企业销售什么产品或服务、目标客户是谁、如何销售产品或服务及满足客户的哪些需求。其中，满足客户需求是创业构想的核心。

创业构想可运用创造性的思考方法，通过类比、分解和试验产生。认证创业构想的常用方法是市场调查。创业者要结合市场、行业前景、产品、自身优劣势和消费者需求等方面预测创业成功的概率和企业未来的盈利能力，以确定是否需要进一步实施企业构想。

精选案例

JINGXUAN ANLI

案例一　创业加盟包子铺，实现财务自由

小琳是一位“90后”女孩，刚毕业两年的她在国企找到了一份不错的工作，每天需要做的事情不多，但是工资却不算很低，并且其他各种福利更是相当的齐全，五险一金、朝九晚五及周末双休一应俱全。对于大多数人来说，能拥有这样的工作算是比较幸运的了。但是，在干了一年之后，小琳却做出了一个令人匪夷所思的举动——辞去了这份工作，而选择去创业。

小琳之所以产生这个创业想法，是源于她看到的一篇由英敏特发布的《早餐-中国，2016》报告，报告显示，中国消费者早餐食品总消费将从2015年的1.334万亿元人民币增至2021年的1.948万亿元人民币。2016—2021年的年均复合增长率将达到7.4%。看完这篇报告后，小琳感觉中国的早餐市场前景广阔，因此，她决定开一家包子铺，创造一份属于自己的事业。

但是，开一家店铺不是自己说干就能干的，不仅需要找到一处人流量大的位置，还需要学会将口味做好。为此，小琳实地考察了当地的几家颇具影响力的汤包品牌，其中有一个名叫“兴粮品汤包”的连锁品牌引起了她的注意。因为这家连锁品牌能够为新加盟的店铺提供一站式服务，包括选址评估、店铺装修、技术培训、开业策划和货物配送等，这完全适合她这种零经验的人开店。

不仅如此，最让小琳放心的还是该品牌的实力，它旗下有1 000多家连锁店，这些店铺有统一的装修标准和管理模式。而且在考察期间，小琳还发现，一到每天早上的7～8点，每家店铺的门前都会排起长长的队伍，生意非常火爆。这让小琳对自己创业加盟包子铺更加有了信心。

签合同的时候，小琳坦言，这是她这二十多年来第一次真正意义上勇敢地做了自己想做的事情。合同签订后，小琳陆续招聘了几位肯吃苦的年轻人和她一起打理店铺。开业当天，店铺门前早早排起了长长的队伍，小琳和几个伙伴忙得不亦乐乎。此外，他们还在当天创造了相当不错的业绩，火爆的人气把附近其他的包子店远远甩在身后。

资料来源：https://www.zhizhigu.com/caogen/1106.html?tdsourcetag=s_pcqq_aiomsg

案例点评

创业者在有了初步的创业构想之后，就需要对其进行谨慎地认证。认证时，常用的方法是市场调查。案例中的小琳就是在有了创办包子铺的想法后，去实地考察了几家有影响力的汤包品牌，最终通过分析、对比后，选择了一个适合自己加盟的品牌，并取得了较好的成效。

案例二 一名退役运动员走上中考体育培训创业之路

2020年9月21日，国家体育总局和教育部联合印发的《关于深化体教融合 促进青少年健康发展的意见》指出，要加强学校体育工作，将体育纳入中考计分科目。这一文件的下达使得体育中考培训市场火了起来，很多家长都会将他们的孩子送到培训班训练，以此来提高孩子体育考试的分数。但是办理体育中考培训班的目标只是增加考生的分数吗？在此领域创业的退役运动员刘雪看来，答案是否定的。

人生的第一桶金

2014年年底，24岁的刘雪因伤病从安徽省田径队退役，此时的她，早已放弃了成为一名市体校教练的梦想，那也是绝大多数地方队运动员退役后比较理想的出路。刘雪根据自己定好的计划，在安徽省宿州市创办了一家中考体育培训班。至今为止，她以自己的运动技能帮助了至少3 000名孩子在体育中考上获得了优异的成绩。

第一次接触正在准备体育中考的考生时，刘雪的感受是“震惊”。因为她看到眼前这群十四五岁的孩子，本应是朝气蓬勃的，但他们却给人一种毫无活力的感觉。于是，刘雪决定在提高孩子们分数同时，还要改善他们的精神状态和身体素质，这个愿望也是刘雪涉足体育中考培训的出发点。

说起刘雪是如何踏入体育中考培训这一行的，她说完全是机缘巧合。

刘雪原是安徽省田径队的一名标枪运动员，2012年，她因伤病无法参加正常的训练和比赛，只能在队里帮助教练带带年轻队员。某一天，刘雪在指导师妹训练实心球时，有一名家长过来问刘雪能不能也指导一下自己的孩子。于是，刘雪就稍微指点了一下那个孩子，没想到那孩子的成绩立刻就提高了很多，旁边的人看见都惊呆了。

此后，越来越多的家长找到刘雪，她也热心接收了自己的第一批徒弟，义务帮助他们提高跳远和实心球的运动成绩。很多家长在看到了她带训（指教官训练新兵的过程）的效果后，也不好意思持续白用这位小姑娘，于是撺掇她开办了一个培训班，并主动帮她介绍业务。

培训班开业后不到两个月，家长们就通过相互介绍，总共给她带来了60多名学生，当时她给每个孩子的收费标准是20元每月，两个月的培训课结束后，她总共赚了1.7万元。刘雪回忆说，这是她人生的第一桶金，她永远也无法忘记当时拿到这些钱时的兴奋感，因为这比她在当时队里的工资高出好几倍。也是在那个时候，刘雪开始考虑自己退役后的出路。

刘雪在安徽省内多次拿到女子标枪的冠军，但在全国比赛上最好成绩也就在六七名左右，按照这样的成绩，运动员退役后基本上都是要自谋出路的。刘雪原先的梦想是能够进入体校当教练，但一方面进体校当教练的难度很大，另一方面，她在接触到中考体育培训领域之后，发现这个市场前景可观，并且她也很想帮助这群孩子提高他们的成绩，以及提升他们的精神状态。因此，在2014年年底正式退役的时候，刘雪毫不犹豫地踏上了体育中考培训的创业之路。

传承“体育精神”

刘雪最初在接触这些孩子及指导他们训练的时候，也很不习惯。她说：“我们运动员在训练的过程中，如果你给他们下达一项训练任务，不管这项任务有多难，他们都不会退缩，而且也一定会在规定的时间内完成好这项任务。但是，如果你给这群孩子下达一项同样的训练任务，那么，他们常常会叫苦叫难，而且很多时候并不能完成我所交代的任务，这让我很痛心。”

如何帮助这些孩子不只是在体育中考时考一个好分数，还能真正在身心状态都有改变，刘雪认为应用氛围去影响他们，让他们通过体育获得信心和快乐很重要。于是，为了能够打造一种积极向上的氛围，她请了一些自己的师弟师妹来一起执教培训班。她认为：“大多数孩子之所以缺乏活力，是因为他们在沉重的学习压力下，已经被压抑的迷失了自我，而这些年轻运动员身上正好具备一种体育精神，这种精神能够给普通学生带来积极的影响，让他们可以尽情释放自我，做真正的自己。”

刘雪给自己和所有教练员的要求是，给孩子们鼓励和信心，绝不训斥和责骂孩子。要让孩子们看到自己的进步，让他们愿意来这里上体育培训课。刘雪说，有很多学生最初来训练的时候，心里很自卑，因为他们知道自己的运动能力很差。但是，他们在培训班训练一两个月之后就发生了明显变化，包括他们的言谈举止和与人沟通交流的方式都积极、阳光了很多。

刘雪自豪地说：“我带的孩子，95%以上都能在体育中考时拿满分。就算有的孩子没有拿到满分，但是比起他们之前的体育成绩也会有大幅度的提高。但我带他们出成绩只是一个心愿，我更大的心愿是希望改变他们身心状态，看着他们能有一个年轻人该有的样子，我才觉得值了。”

近年来，随着整个社会对学生体育和体质的重视，越来越多的家长们也开始关注孩子的健康发展。刘雪说，之前家长都是在临近体育中考两三个月将孩子们送过来培训，但是现在，很多家长从初二乃至小学就开始将孩子送过来。他们在关注孩子体育考试成绩的同时，也希望孩子能够通过体育获得一个更健康的身体和积极向上的精神状态。这让刘雪更加坚信了自己坚持“以体育改变孩子身心状态”这一理念的正确性。

资料来源：https://www.zhizhigu.com/caogen/1015.html

案例点评

自从体育科目纳入中考，越来越多的家长为了让孩子在体育中考时考取高分，会将孩子送到培训班进行体育锻炼，再加上培训班的收入也很可观，这让刘雪有了创办中考体育培训班的想法。于是她在退役后创办了培训班，并在培训班开业后请了自己的学弟学妹过来培训这群孩子，从而增加了该培训班的竞争力。

案例三　食亨 CEO 王泰舟——了不起的“90 后”创业者

2020 年 11 月 24 日，36 氪（kè）发布了 2020 年度“36 位 36 岁以下了不起的创业者”榜单，中国外卖行业服务商食亨联合创始人、董事长兼 CEO 王泰舟作为年度创业代表荣耀上榜。其实，在 2019 年，王泰舟就已经连续获得福布斯亚洲“30 位 30 岁以下精英”榜单、福布斯中国 30 岁以下精英和胡润 Under30s 创业领袖等奖项，成为亚洲范围内颇具影响力的外卖行业创新创业领袖。

王泰舟作为一名创业打拼近 10 年的“90 后”创业者，对市场有着敏锐的洞察力，他发现在大数据的冲击下，餐饮业正面临着巨大的变革，而很多商家在线上化的过程中还存在着很多问题：首先，大多数门店内缺少专业的平台运营人才，因此在增加店铺曝光和提升客户转化率等方面有着严重的不足，而组建专业团队成本又较高，中小型商家往往难以承受。其次，很多商家对门店装修、菜品拍摄、菜单设计和配送等方面的问题不能优化完善。最后，存在各方对接难的问题，一方面是各外卖平台的运营规则、排名及曝光算法不同导致的对接难，另一方面是商家和平台之间的对接效率低，无法达到应有的效果。

为了解决以上问题，技术出身的王泰舟亲自组建了一支具备“极客”素质的食亨技术团队（形容对计算机和网络技术有狂热兴趣并投入大量时间钻研的人），并斥资千万元打造了“i 食亨”信息中心。这是这支团队历时 2 年设计与开发的一套契合实际运营业务需求的大数据平台。该平台中的运营监控系统日均处理数据量超 15 亿条次，最高单日处理数据量达到 35 亿条次，并实现了运营问题的秒级响应和实时处理，将餐饮商家的线上运营风险降至了最低。

目前，基于“i 食亨”信息中心的海量大数据支撑，食亨成功帮助全国 240 多个城市的数万家餐饮及新零售门店实现了业绩和品牌力的长期增长。食亨的行业地位也得以迅速提升和稳固，坐稳业界头把交椅。

凭借着强大的技术体系与专业的运营服务，食亨不仅收获了国内外顶级投资人和全球客户的青睐，还多次收到来自政府、媒体及行业的各类表彰，先后荣获“2018 卓越餐饮服务品牌”“2019 中国最佳商业模式奖”“2020 垂直行业最佳解决方案”等超 60 项奖项。

作为一名“90 后”创业者，食亨 CEO 王泰舟用自己的行动向人们展示了“后浪”的力量。在这个全新的数字化商业时代，王泰舟将凭借其对中国外卖代运营与互联网数字科技的独到见解，引领食亨为中国的互联网商业模式创新带来更多的可能性。

资料来源：http://ah.ifeng.com/c/83OM3lpyNoI

案例点评

上述案例中的王泰舟凭借其敏锐的观察力发现，很多商家在运用线上化时存在着很多问题，于是为了解决这些问题，他组建了一支技术团队，并斥巨资打造了“i 食亨”信息中心，最终帮助数万家餐饮及零售企业实现了业绩和品牌力的增长。由此可以见，创业者要想取得成功，不仅要发现客户的潜在需求，还要能够研发一款满足客户需求的产品。可以说，王泰舟及其技术团队共同打造的“i 食亨”信息中心，就是一个能够满足客户具体需求，将构想变为现实的好例证。

第二节　商业模式设计与创新

理论导航

企业的竞争始于商业模式，有了好的商业模式，初创企业就成功了一半。商业模式是企业探求所经营业务的利润来源、生成过程和产出方式的系统方法，并围绕企业如何盈利这个核心来配置企业资源和组织企业所有内外部活动的一个行为过程。商业模式的设计思路包括价值定位、价值创造和价值实现。

另外，商业模式的创新实质上是一种高层次的企业创新行为，它包括了企业从内部到外部的资源、能力和价值等，涉及企业运作的各个方面。

案例一　“90 后”大学生创业 6 年，打造出估值 130 亿元独角兽

2021 年 1 月 11 日，国内运动科技公司 Keep 宣布已于去年 12 月完成 3.6 亿美元新一轮融资，投后估值（获得融资后的估值）达 20 亿美元（约合人民币 130 亿元），进一步巩固了其在运动科技领域的独角兽地位。

健身行业看起来单一，实则包罗万千，涵盖吃、穿、练、用四大领域，鲜少有企业敢说自己全面覆盖健身领域。成立于 2014 年底的 Keep，经过六年的发展成为了一家具备社交属性的健身平台，拥有超过 3 亿的用户，会员数量也超过了 1 000 万。目前，Keep 的业务除了线上，还覆盖了运动品牌消费品和线下运动空间 Keepland 等，为用户打造了精细化的运动体验和多元化的健身场景。

提起 Keep，就不得不提及其创始人王宁。这是一位“90 后”创业者，属于伴随互联网成长的一代，高考时他毫不犹豫地选择计算机专业，进入北京信息科技大学。接下来的四年时间里，除了上课，只要有实习机会他都来者不拒，人力、财务、行政、运营、产品及测试，全都搞过。

有一句话这样说“毕业季就是分手季”，王宁也没能免俗，原因是太胖。当时还面临毕业找工作，他害怕因此被嫌弃，于是立志要瘦下来。就这样，王宁开始了他的减肥之路。他的方法很简单，就是绕着操场跑步，从一次跑 3 圈到一次跑 30 圈。坚持了 2 个月后他瘦了 20 斤，但是很快就遭遇了瓶颈。

于是，他又去各大网站搜索了大量的关于减肥的资料和视频，经过不断的学习，他掌握了一套健身和减肥的方法。他按照这种方法进行锻炼，很快就从 160 斤瘦到了 130 斤。

这次减肥给他的人生带来了很大的改变，虽然女朋友还是没找到，但是自信大增。几乎每个人见到他都会问他是如何减肥的。一时间，王宁成为了众人追捧的“顾问”。后来王宁的朋友建议他把健身视频聚合在一个 App 里，这样就可以让更多的人看到。于是 Keep 就此诞生，同时也有了那句经典的口号——自律给我自由。

最初 Keep 里面的视频内容大都是从网上录制下来，然后通过剪辑软件拼接在一起的，比如这个动作是郑多燕，下一个动作是施瓦辛格。虽然视频是拼接的，但是视频内容及质量还是很不错的，而且非常适合健身新手们。因此，在 App 上线后没多久就获取了千万名用户，并获得了一笔 300 万的投资。拿到这笔钱后，王宁立刻请了一男一女两位模特，花了三天的时间，用一个单反相机录了一套动作视频。

从一开始 Keep 就选择健身作为切入口，没有与咕咚、悦跑圈等竞争跑步用户。站稳脚跟后，王宁决定扩充品类，增加了跑步和瑜伽这两个大类目。此举成功吸引大批女性用户，实现了新一轮的用户增长，并且超过之前的老大哥咕咚和悦跑圈。

现如今，Keep 为了满足用户多元化的运动需求，持续巩固线上内容，除了自主研发了 1 200 多套的课程外，还邀请了帕梅拉、周六野、Zumba 等具有影响力的运动达人加入。此外，Keep 还开通了健身直播课，进一步丰富了运动内容的多样性。

从商业模式来看，Keep 采用了类似全球最大的健身平台 Peloton 的模式，以优质内容吸引用户，然后通过收费会员、健身课程和健身类消费品销售等方式进行变现。2020 年，公司整体实现盈利，消费品业务的营收年销售额达到 10 亿。推出的智能动感单车更是在双十一期间成为同类产品中的成交额第一。

随着国民收入水平不断提升、健康意识的不断增强和全民运动的倡导，中国健身行业来到了一个快速发展的阶段。尤其是在疫情之下，大众的健身需求被迅速激发，线上健身用户活跃度显著提升。于是，Keep 将在不断扩充和丰富线上的内容服务，同时持续优化围绕运动场景的“吃、穿、用、练”产品体验。

资料来源：https://www.zhizhigu.com/daxuesheng/1003.html?tdsourcetag=s_pcqq_aiomsg

案例点评

一个企业要想在市场中占有一席之地，必须要明确企业能够为用户提供什么样的产品和服务。Keep 之所以能够在短短的六年内积累很多用户，并且成为行业的独角兽，无疑是因为它开发的产品能够满足用户多元化的需求。此外，这同时还说明了王宁在设计 Keep 的商业模式时对该产品的定位比较准确。

第三节　撰写与评价创业计划书

理论导航

创业计划书又称商业计划书，是指创业者就某一具有市场前景的新产品或服务向风险投资者游说，以取得风险投资的商业可行性报告。一份完整的创业计划书由封面、目录、正文和附录四个部分组成。它的具体内容包括封面、企业介绍、市场分析、产品（服务）介绍、人员及组织结构、市场预测、营销策略、生产计划、财务规划和风险分析等。

案例一　I Cake——DIY 蛋糕店创业计划书

一、计划摘要

伴随着经济的发展，激烈的竞争是不可避免的，“烦躁”“郁闷”成了人们经常挂在嘴边的话语。与此同时，现如今的孩子们普遍缺少动手实践的机会，且“求异”心理在大众尤其是年轻的学生群体中非常普遍。由此可以看出，制作一个独一无二的蛋糕、糖果等食品，拥有一次非同寻常的亲自动手的过程，在年轻白领、孩子、学生等群体中一定拥有巨大的潜力！因此，为了缓解激烈的竞争压力，给孩子创造一个自己动手的条件，给年轻人一个独一无二的享受，我们决定打造一个“DIY 蛋糕店”。

二、企业介绍

1．项目名称：DIY 蛋糕店

2．项目宗旨：打造都市避风港，引领年轻时尚，共享甜蜜时光

3．店面名称：I Cake——DIY 蛋糕店

注释：① I ——我，I Cake——我的蛋糕，就是 DIY 蛋糕，自己动手制作世上独一无二的蛋糕！

② I 与"爱"谐音，就是喜欢蛋糕，喜欢我们的蛋糕店！

4．店面主题曲：《甜甜的》

主要歌词：我轻轻地尝一口，你说的爱我……

每天会在店里播放一定的时间。

5．宣传口号：我的蛋糕，我的 Young

注释：Young 有两个层面的意义，一方面，是我们面向年轻群体的体现，另一方面，Young 与"样"同音，即 DIY 自己制作蛋糕，就有自己想要的样子！

6．店面商标

上边一个蜡烛，是字母"I"的变换，左边缺失一块的圆表示蛋糕，也是字母"C"，它与后面的"ake"连起来就是"Cake"，代表着蛋糕之意。将蛋糕和蜡烛放在一起，就是我们蛋糕店的名字"I Cake"。

7．店面地址

选择学校附近，靠近年轻人聚集区，且交通便利的地方。因为本项目主要面对的就是年轻人，而年轻人大多喜欢简单、方便。同时，由于学校的学生不断更替，因此，选择学校附近能够保证客源的持久性。

三个备选方案：

● 大学城附近

面积：50 平方米

房源信息：周边遍布很多高校，因此，有着较大的消费人群，再加上其交通便利，所以是一个极好的商铺经营场地。

● 廊坊师范学院附近

面积：45 平方米

房源信息：临主街，消费人群以学生为主，人流量大，消费能力强。店铺内有上下水，适合经营餐饮等行业。

● 明珠大厦附近

面积：40 平方米

房源信息：临主路，公交站牌集中，周边有多家品牌餐饮、服装店、奶茶店，人流量非常大；纯一层，面宽 8 米，适合各种服装饰品、品牌小吃、西餐茶楼等行业。

8．店面布局

风格采用多样化的布局，如童话版、欧版、丛林版、温馨版……提供各个相互独立的不同主题风格的界面，满足不同人群的喜好。且周围排满蛋糕制作的参考图片，方便大家比对着参考图片制作蛋糕。

三、市场分析

我们主要分为两部分来调查（调查问卷及网络调查），调查对象主要为大学生群体。下面是我们根据调查做出的数据统计。

（一）问卷调查

由于本项目主要面向群体为大学生，因此，问卷调查的对象也主要为在校大学生。

（注：有部分选项为多选，故部分选项的百分比相加大于 100%。）

1．去蛋糕店的频率（见图 7-1）

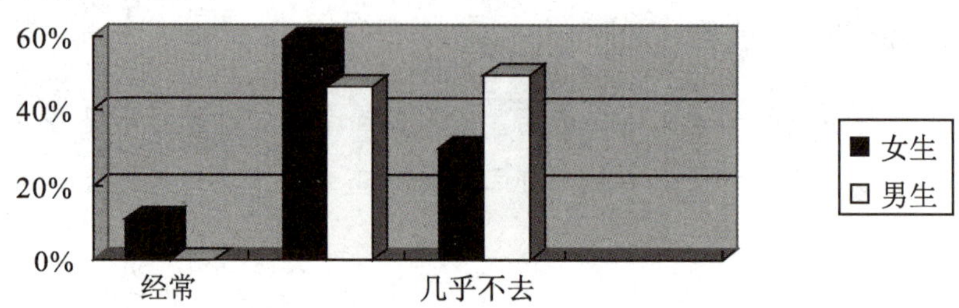

图 7-1　去蛋糕店的频率

女生对蛋糕的依赖远大于男生，因此，我们的蛋糕店会添加更多的女生元素，以吸引更多的顾客。

2．蛋糕的用途（见图 7-2）

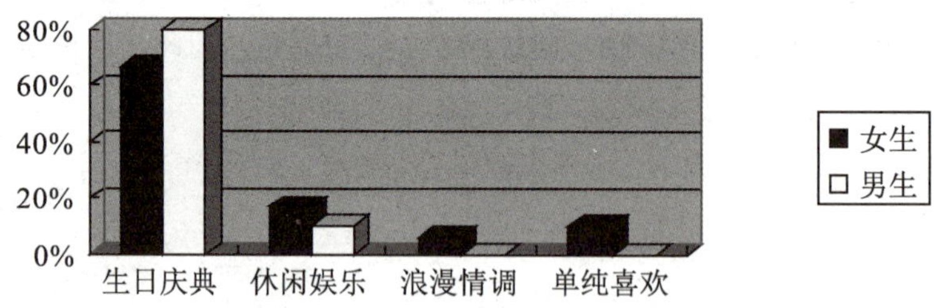

图 7-2　蛋糕的用途

生日庆典是蛋糕的主要销路，因此，我们会在制作 DIY 蛋糕的同时，附带生日用具，使生日庆典更加独特。

3．市场满足度（见图 7-3）

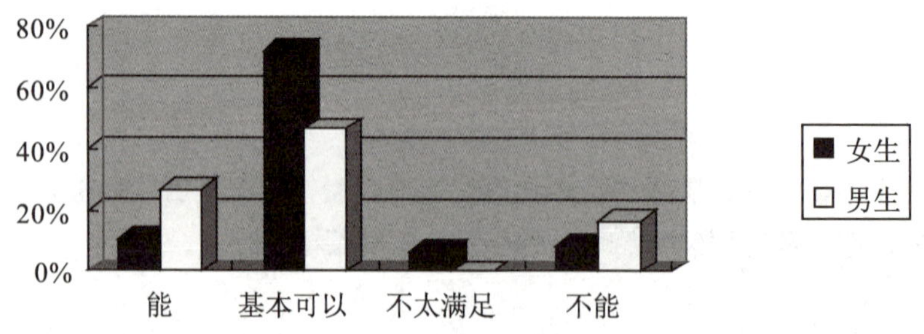

图 7-3　市场满足度

市场上蛋糕的种类基本能满足大众的需求，虽然对 DIY 蛋糕会产生一定的影响，但是，从另一方面讲，我们可以借鉴或直接使用市场上已经有的经验。

4．对 DIY 方式的态度（见图 7-4）

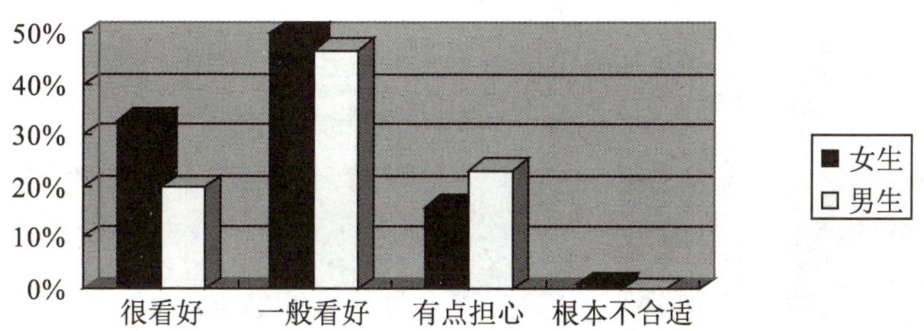

图 7-4 对 DIY 方式的态度

总体来说，大家对 DIY 方式还是很看好的，因此，我们仍有很大的发展空间。

5．是否愿意花时间自己做蛋糕（见图 7-5）

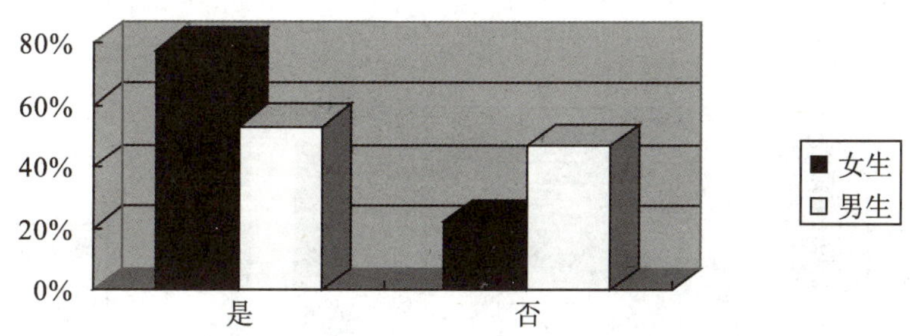

图 7-5 是否愿意花时间自己做蛋糕

女生讲究的是浪漫情调，而男生则更为实际。因此，我们会着重从女生下手，开发我们的产业。

6．蛋糕的价位（见图 7-6）

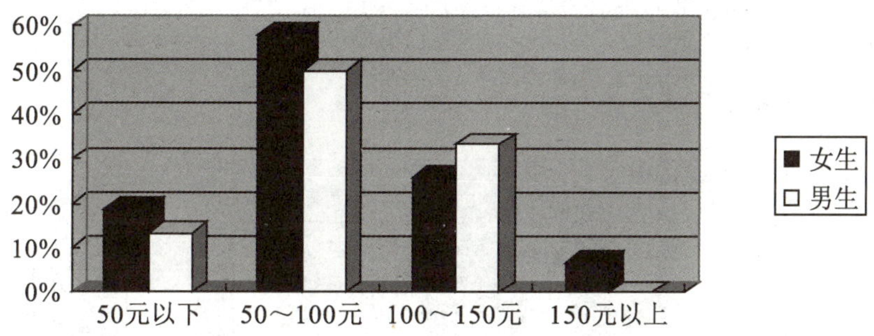

图 7-6 蛋糕的价位

人们对蛋糕价位的期望集中在 50～150 元，所以我们会按照这个规格来安排蛋糕的原料，基本定价在 100 元/个，价格会略有浮动。

7．蛋糕的尺寸（见图 7-7）

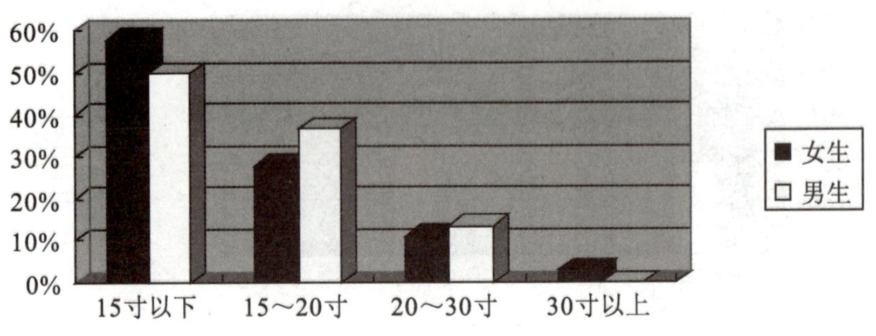

图 7-7　蛋糕的尺寸

大家制作蛋糕还是以娱乐为主，过大的蛋糕不便于大家制作，因此，我们初步定为 12 寸/个。依据不同的情况，可在 10～20 寸之间调整。

8．蛋糕的形状（见图 7-8）

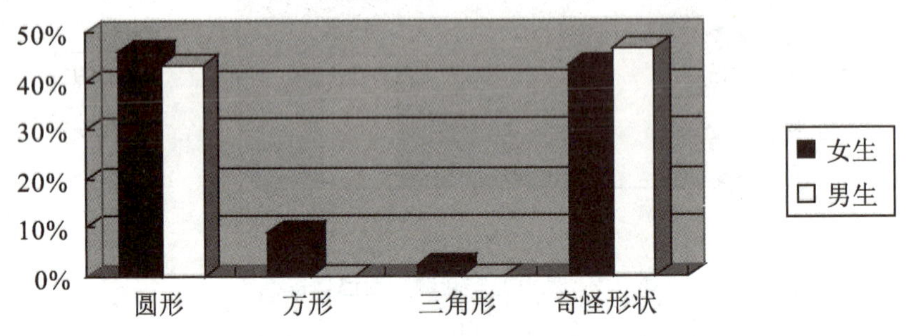

图 7-8　蛋糕的形状

圆形居多，我们会提供大量的圆形模具，用于制作蛋糕；同时，利用参考资料帮助顾客完成其他形状的蛋糕制作。

9．担心的问题（见图 7-9）

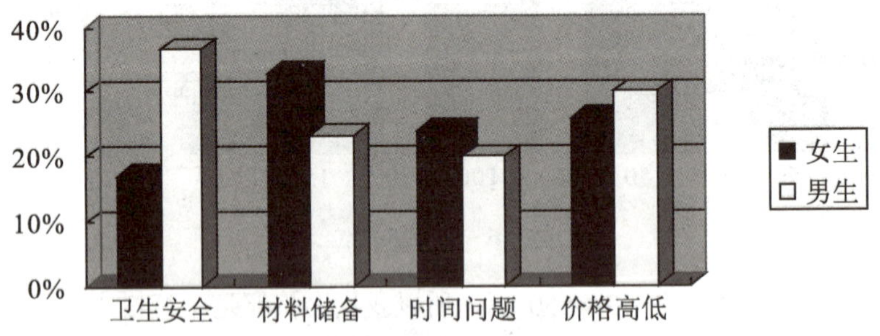

图 7-9　担心的问题

卫生安全、材料储备是大家主要担心的话题。所以，我们会在办理卫生许可证的前提下，增加消毒设备，并及时更新材料，以保证材料的新鲜。

10．制作环境（见图 7-10）

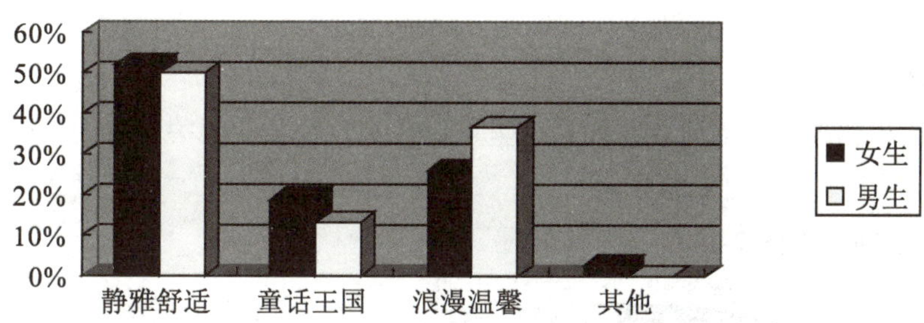

图 7-10 制作环境

大家数人都比较喜欢优雅的环境，所以，店面的整体风格应以静雅舒适为主。

11．制作蛋糕的人群（见图 7-11）

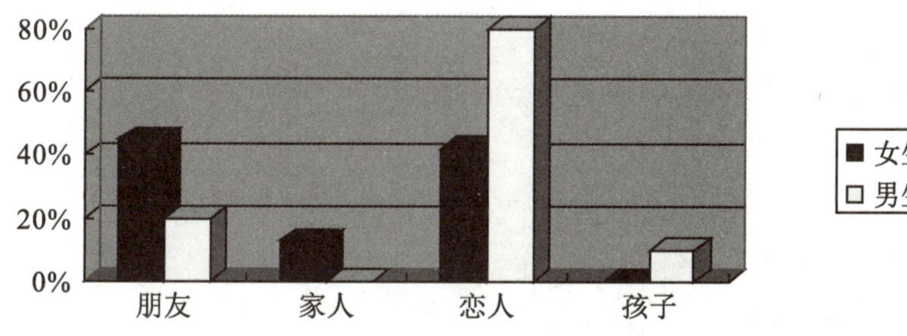

图 7-11 制作蛋糕的人群

由于来店里的以恋人居多，所以，我们要创造一个温馨浪漫的情调，以吸引更多的情侣来本店。

12．来 DIY 蛋糕店的频率（见图 7-12）

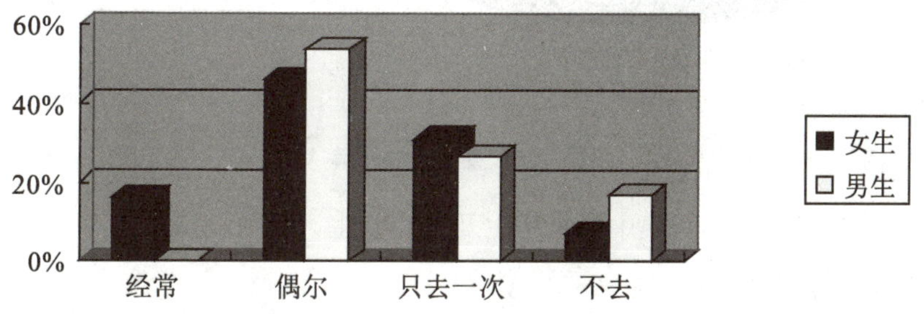

图 7-12 来 DIY 蛋糕店的频率

时效性决定我们选址的重要性。因此，我们将店址选择在学校附近，因为学校每年都有新生加入。可以说，我们的顾客是源源不断的。

13．宣传渠道（见图 7-13）

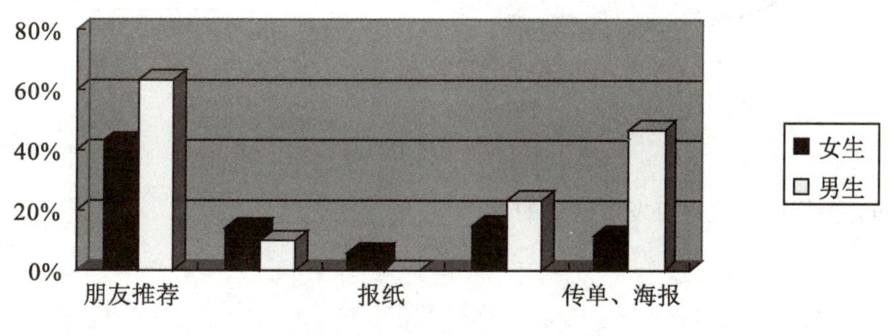

图 7-13 宣传渠道

大部分同学选择的是“朋友推荐”。因此，重视回头客就必不可少了，创建良好氛围，并创立推荐好友优惠的制度，我们DIY蛋糕店的口碑必定会不胫而走！

（二）网络调查

网络的覆盖面积比较大，因此，我们从这里可以找到各行各业的关注人士，以便确定我们的面向对象。

1．关注人群性别（见图7-14）

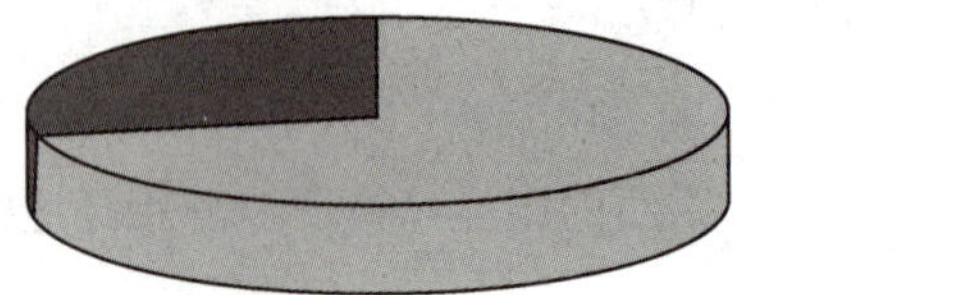

图7-14　关注人群性别

女生比较关注蛋糕，因此，我们的关注重点还是女生。

2．关注人群年龄（见图7-15）

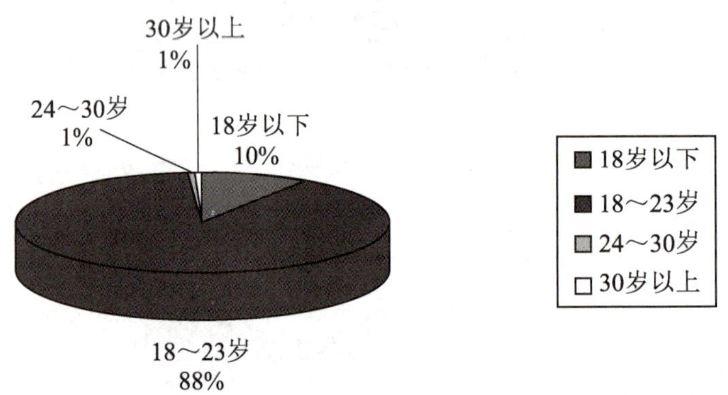

图7-15　关注人群年龄

我们的对象主要是年轻群体，集中在大学生及中小学生。

3．关注者意愿（见图7-16）

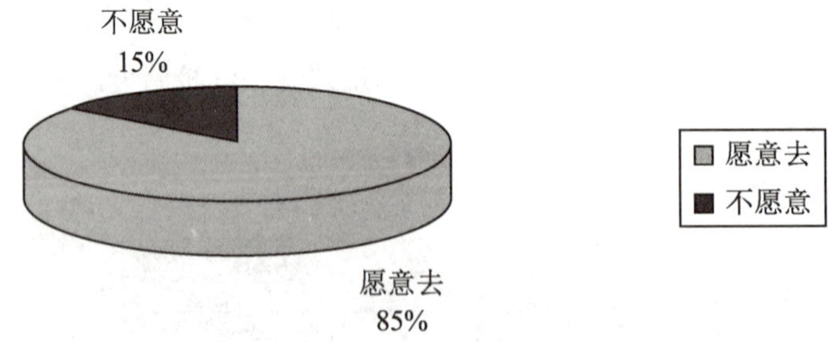

图7-16　关注者意愿

我们的DIY蛋糕店还是很有发展前景的。

4．关注者担心的问题（见图 7-17）

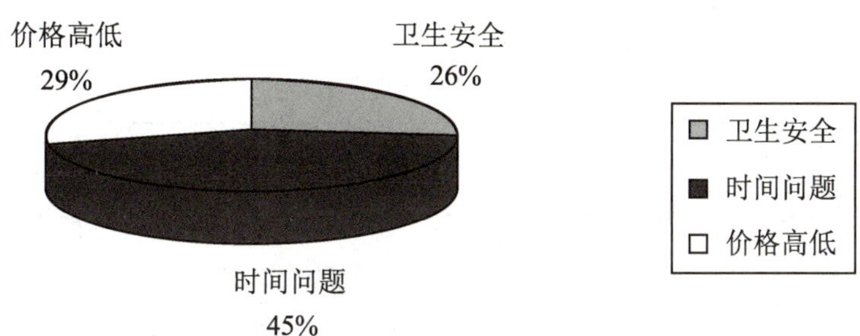

图 7-17 关注者担心的问题

与调查问卷的结果不同，网络上的人群更担心的是蛋糕制作的时间问题。综合起来看，还是时间比较重要，所以我们制定了一系列的高效方案。

5．来 DIY 蛋糕店的频率（见图 7-18）

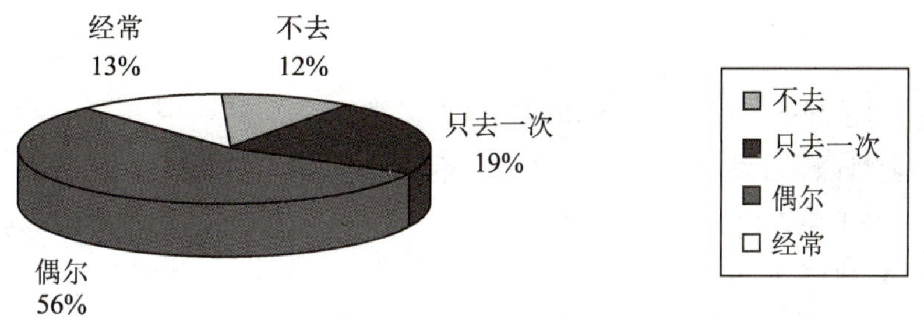

图 7-18 来 DIY 蛋糕店的频率

与问卷调查相同，只有牢牢地抓住学生这个大的消费群体，我们才能拥有源源不断的客源。

（三）前景预测

通过一个多月来的调查研究，我们总结了创办一家 DIY 蛋糕店的优势，如下：

第一，大家对 DIY 的态度还是很友好的，数据表明，有大于 80%的人选择了愿意来，尤其是年轻的一代，都希望有自己独特的东西。所以，我们就抓住人们的这种心理下手，必然会有良好的效果。

第二，女生对蛋糕的热爱远高于男生。但是，很多有女朋友的男生会选择和女朋友一起来，这样只要我们能做得让女生满意，那何愁没有客源呢？

第三，我们本身就是大学生，从校园中出来，我们很了解现在的学生想要什么，不想要什么。能和顾客有很好的心灵沟通，是创业成功的关键。因此，这势必会成为我们良好的资源。

第四，通过我们自己的预算，以及成功的案例，开一家 DIY 蛋糕店的成本在 10 万元以内，这对于我们没有什么资金来源的大学生来讲，有很大的可行性。

第五，我们走访了很多的做 DIY 的商家，大家普遍用“前景无限”这个词来形容，足见这个产业的发展潜力。

四、人员及组织结构

人员及组织结构如图 7-19 所示。

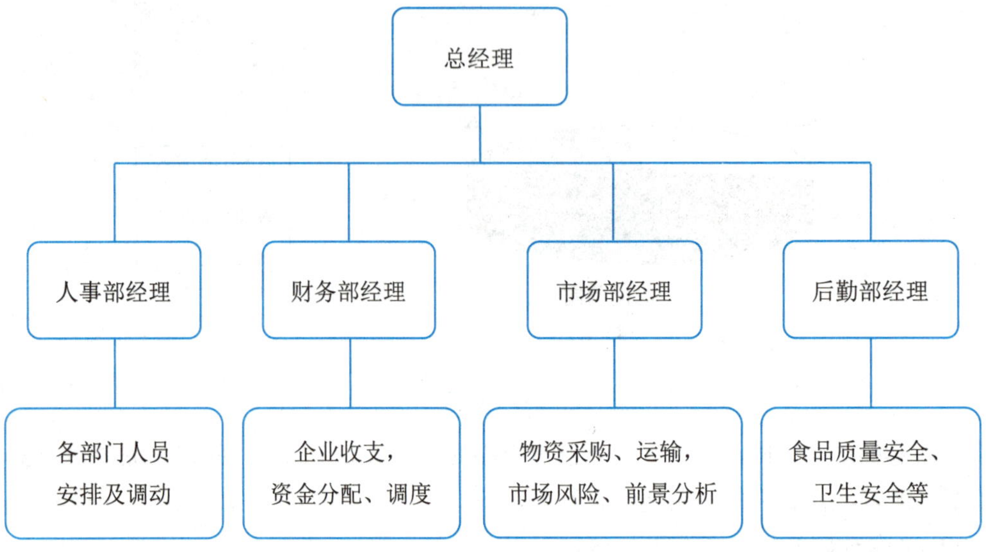

图 7-19　人员及组织结构示意图

五、财务计划

1．启动资金：10 万元（必要时，可再申请 7 万元贷款）

2．手续：营业执照、卫生许可证、注册、税务登记等共 1 000 元

营业执照：办好卫生许可证后带上卫生许可证、负责人身份证、房产证明材料、合同、照片到当地工商所办理营业执照（140 元左右）。

卫生许可证：去卫生局申请办理卫生许可证（150 元左右）。

税务登记：办好营业执照后 30 天内到税务所办理税务登记证（100 元左右）。

北京大学生创业优惠政策：

高校毕业生（含大学专科、大学本科、研究生）从事个体经营的，自批准经营日起 1 年内，免交个体户登记注册费（包括开业登记、变更登记、补换营业执照及营业执照副本）、个体户管理费、集贸市场管理费、经济合同鉴证费、经济合同示范文本工本费等。此外，如果成立非正规企业，只需到所在区县街道进行登记，即可免税 3 年。

自主创业的大学生，向银行申请开业贷款担保额度最高可为 7 万元，并享受贷款贴息。目前，北京市民生银行、商业银行等已开始接受大学生的创业贷款申请，这也是政府出台的扶持大学生创业的政策之一。贷款方式包括直接向银行申请贷款、申请科技型中小企业贴息贷款、利用新技术成果或知识产权进行担保贷款等。

3．店面

- 大学城附近

面积：50 平方米

租金：21 000 元/月（半年付）

- 廊坊师范学院附近

面积：45 平方米

租金：9 500 元/月

- 明珠大厦附近

面积：40 平方米

租金：10 000 元/月

4．机械设备：

新南方牌一层两盘燃气烤箱：3 500 元

20 升恒联打蛋机：1 700 元

不锈钢 15 层厨宝牌面包醒发箱：1 500 元

鲜奶机：1 700 元

蛋糕展示冷柜：4 000 元

不锈钢工作台：1 000 元

三能牌打蛋刷：37 元

刮板：免费赠品

裱花嘴：150 元

耐高温纸：10 元

5．门面及内部装修：1 万元

内部不同地方采用各种不同的风格，但是以优雅的格调为主。

装修公司：北京鸿昆世纪装饰有限公司

6．美的空调（一匹）：1 500 元

7．原材料：1 万元

玉米粉、低筋粉、白糖、色拉油、塔塔粉等

8．广告费：约 2 万元

- 传单海报等（见表 7-1）

公司：小水滴设计工作室

表 7-1　广告形式与费用

核算项	三折页宣传册	传单	优惠券（打孔）	海报
设计/制作费	1 200 元	500 元	250 元	5 000 元
印制份数	5 000（1 元/份）	5 000（0.1 元/张）	（10.5 元/份）	（5 元/张）

- 网站广告费

形式：网站广告

宣传费：9 000 元/年

9．蛋糕制作参考资料：500 元

10．员工服装费：900 元

300 元×3=900 元

11．其他（顾客用一次性围裙、包装物等）：5 000 元

围裙：2.5 元/个

包装盒：3 元/个

会员卡制作成本：0.5 元/个

12．活动资金：1 万元

六、营销策略

（一）广告宣传

1．海报传单

在各大高校发放传单，张贴海报。

前期：共 5 000 张。

2．网络广告

前期：在主要网站（如校内网、开心网）发布广告。

后期：伴随着企业的发展，后期会开发应用软件的小游戏，宣传蛋糕。

3．电视广播

在适合年轻人的电视栏目及广播播放广告。

4．报纸杂志

在年轻人喜欢看的报纸杂志上刊登大版面的广告宣传。

（二）营业安排

营业时间：

周一至周五：08:00～23:00（针对顾客）

节假日：24 小时全天营业

营业内容：

（1）顾客告知店员，自己想做蛋糕、饼干、提拉米苏还是巧克力，店员便帮其准备好所需原材料，如玉米粉、低筋粉、白糖、色拉油和塔塔粉等，量好适量的水，顾客只需搅拌、烘烤和造型，便能得到自己想要的糕点了。

（2）附带经营早餐和夜宵的成品蛋糕及巧克力等糕点。

（3）实行会员卡制度，凡一年内来本店消费满 3 次或者推荐一位好友来本店消费，均可获得一张精致的会员卡，凭此会员卡，可终身享受全场九折的优惠。

（4）凡我店会员，生日当天来本店购物，均可得到一份特别的生日礼物。不是会员的顾客，生日当天来本店消费，也可得到一张生日贺卡和一份小礼品。

（5）提供免费的照相服务，如果顾客需要，我们可以为他们免费拍照，留下他们值得回忆的点滴瞬间，之后会将电子版照片发给顾客。

（6）店内设置留言板，有什么想对朋友和家人说的话，或者什么对我们的意见，都可以写在上面。

七、风险管理

在市场调研中，我们发现了很多的风险，但是我们同样找到了解决的方法。

首先，自己制作蛋糕确实是一件费时费力的事情，很多人都因为没有时间而不会光顾，因此，我们改进了技术，同时营造出优雅舒心的氛围，让大家烦躁的心能够暂时平静下来。

其次，蛋糕本身就是有奢侈色彩的代名词，所以，很多人选择了只来一次。因此，我们就需要一个不断更新的客源，所以，我们把店建在了学校附近，每年都有新生到来，也就意味着每年都有新的顾客光临我们的 DIY 蛋糕店！

最后，市场中存在着不少竞争对手，我们必须时刻更新我们的产品创意，以及不间断地进行广告宣传。

综上所述，不难看出，DIY 蛋糕店的前景还是非常可观的，只要我们有想法，肯实干，就一定可以实现！

资料来源：https://www.docin.com/p-2507401661.html

案例点评

上述创业计划书总体上内容完整，可以看出，创业者对自己要走的路、要做的事、要出的招都做了细致的分析。尤其是市场分析部分，由于事前进行了充分的市场调查，因此能够在创业计划书中运用大量图表，能更直观、更充分地说明问题。不足之处是没有进行竞争对手分析，因此也导致了后面的风险管理部分较为薄弱。

创业资讯——创业计划书撰写的基本原则

1. 言简意赅，论述透彻

红衫、真格等头部的投资基金都曾公开表示过，希望创业计划书以最少的文字提供最多的信息，15～20 页就已经完全足够，如果是 30 页以上的，许多投资人一般都不会看完。事实上，一份 10 页的创业计划书就可以帮助一个公司完全呈现其商业理念与投资价值，而过多的冗余信息可能会覆盖掉公司的核心价值。

投资人看一份创业计划书的平均耗时为 3～5 分钟，如果你的这份计划书无法在 3～5 分钟内获得投资人的初步肯定，那么它就是没有价值的。所以，撰写计划书时应该力争做到言简意赅，论述透彻。

2. 忌假大空，忌概念化

撰写创业计划书时，首先不要说大话、空话。例如，凭空认为没有竞争对手、一年内实现 10 亿的利润、万亿级市场，或者能在三年内赶超字节跳动、腾讯或阿里等，投资人对这种表述都比较反感。其次，避免大量使用概念化的文字，应使用简短、准确的短句，并尽可能用图表辅助，使观点简单而直观。

3. 言辞应切合实际，切实可行

高质量的创业计划书应该凭借客观性的内容吸引投资者，强化其与创业团队之间思想的匹配。也就是说，创业计划书应该具有一定的感染力，要紧靠企业发展实况写，避免出现天马行空的现象。若计划书中陈述的内容过于乐观或期望目标过大，将会降低其给人的信任感。

此外，创业者应该为人力资源、专业技术、办公场所和时间安排等所有核心环节都制定详细可行的计划。如果没有切实可行的执行计划，那么创业计划将缺乏可操作性，将很难让投资人相信你能够将此愿景变成现实。

4. 数据必不可缺

数据展现对创业计划书至关重要，比如对于细分市场的调研数据、商业模型数据及财务数据等，这是投资人考量一个项目商业价值的最主要途径。

一般来说，早期项目的融资计划书中至少需要一份市场数据和商业模型数据（SWOT 分析、企业间的竞争、潜在新竞争者的进入、潜在替代品的开发、供应商的议价能力、购买者的议价能力等分析），而中晚期项目的融资计划书中必须包含项目财务数据、供应商及客户的数据。投资人会根据这方面的数据判断企业的未来前景和投资估值。数据的展现要真实且直观，要能经得起投资人的考验与调查。

5. 突出关键风险因素

阐述新企业在运营过程中可能会遇到的关键风险因素，是创业计划书中不可或缺的部分。这部分内容也往往是投资者关注的重点。创业者在撰写计划书时如果能主动地指出存在的风险，不仅能够增加投资者对创业者团队的信任度，还有助于向投资者表明，创业者已清醒地考虑过它们并且能够处理和控制好这类风险，因而使“风险的乌云”不再萦绕在投资者的脑海里。

因此，撰写创业计划书，既要陈述创业者的危机管理能力，也要让他们觉察到这些风险对创业者团队来讲是可以驾驭和控制的。如果一份创业计划书中没有客观地陈述将来可能遇到的问题、没有重视计划中可能的瑕疵，以及没有应急或变通计划，那么，这样的创业计划书一般很难被投资者所青睐。

6. 突显优秀创业团队

撰写创业计划书的管理部分，一定要让投资者接收到创业团队具有较强管理能力和资源整合能力的信号，这些信号是他们最想知道的信息。风险投资者有一种共识：宁可投资产品创意弱、创业团队强的项目，也不愿投资产品创意强、创业团队弱的项目。因此，创业者在组建创业团队时，要考虑团队成员的综合能力、先前经验、教育背景、志趣、志向与品德等因素，以便撰写创业计划书时能够使风险投资者们接收到创业热情高、专业经验丰富、人脉资源广、创新能力强和专业知识优势互补的创业团队信号。

总而言之，有经验的投资者不会凭借臆测或憧憬来做判断，而是用事实数据评价新建企业的前途。最吸引他们注意力的是可行性评估结论，以及对独特商业模式所产生竞争优势的描述。如果商业模式仅仅建立在预测未来前景的基础上，显然，这样的创业计划书很难让他们愿意去投资。

资料来源：https://www.sohu.com/a/393981141_120303893

第八章 新创企业管理

第一节 新企业创办

理论导航

创业的第一步除了做好资金、资源、心理等准备之外，极为重要的一件事就是针对自身情况，选择一个合适的企业组织形式。一般来说，创业者选择的企业组织形式有个人独资企业、合伙企业和公司企业三种。

申办企业的流程包括：预先核准企业名称→工商注册登记→刻制印章→办理组织机构代码证→开立银行账户→办理税务登记→办理社会保险。

创业者选择企业经营地址时，需考虑政治因素、经济因素、技术因素、社会文化因素、自然因素、人口因素等。其中，经济因素和技术因素对选址起着基础作用。

创业者必须掌握企业选址的策略和技巧，其具体内容包括：① 在收集与研究市场信息的基础上选址；② 在考察与评估备选地址的基础上选址；③ 在咨询与听取多方建议的基础上选址。

案例一　××文化传媒合伙企业（普通合伙）合伙协议

合伙协议主要是规范和约束合伙人关系和行为的法律文件，一份正规的合伙协议不仅能达到统一思想、团结一心的目的，而且还能避免合伙过程中可能出现的纠纷和分歧。标准的合伙协议至少应该包含以下几部分。

第一条　合伙宗旨

第二条　合伙经营项目和范围

第三条　合伙期限

第四条　出资额、方式、期限

第五条　盈余分配与债务承担

第六条　入伙、退伙，出资的转让

第七条　合伙负责人及其他合伙人的权利

第八条　禁止行为

第九条　合伙营业的继续

第十条　合伙的终止和清算

第十一条　违约责任

第十二条　争议解决方式

第十三条　其他

合伙协议

合伙人甲：小明（身份证号：5******************）

合伙人乙：小波（身份证号：4******************）

第一条　合伙宗旨

本合伙企业的宗旨为：诚信合作，平等互利。

第二条　合伙经营项目和范围

1．合伙项目的名称为：××文化传媒合伙企业（普通合伙）。

2．合伙项目的经营范围：文化艺术交流活动策划、多媒体制作、互联网信息服务、展览展示服务、网站设计。

第三条　合伙期限

合伙期限为20年，自2019年11月26日起，至2039年11月26日止。

第四条　出资额、方式、期限

1．合伙人小明以货币方式出资，计人民币伍（大写）万元。

2．合伙人小波以货币方式出资，计人民币伍（大写）万元。

3．各合伙人的出资，于 2019 年 12 月 31 日前交齐。逾期不交或未交齐的，应对应交未交金额数计付银行利息，并赔偿由此造成的损失。

4．本合伙出资共计人民币拾万元。合伙期间各合伙人的出资为共有财产，不得随意请求分割。合伙终止后，各合伙人的出资为个人所有，届时予以返还。

第五条　盈余分配与债务承担

1．盈余分配：以出资额为依据，按比例分配。

2．债务承担：合伙债务先由合伙财产偿还，合伙财产不足清偿时，以各合伙人的出资额为据，按比例承担。

第六条　入伙、退伙，出资的转让

1．入伙：

（1）需承认本协议。

（2）需经全体合伙人同意。

（3）执行合同规定的权利义务。

2．退伙：

（1）需有正当理由方可退伙。

（2）不得在合伙不利时退伙。

（3）退伙需提前 1 个月告知其他合伙人并经全体合伙人同意。

（4）退伙后以退伙时的财产状况进行结算，不论何种方式出资，均以货币结算。

（5）未经合伙人同意而自行退伙给合伙项目造成损失的，应进行赔偿。

3．出资的转让：经其他合伙人一致同意，允许合伙人转让自己的出资。转让时其他合伙人有优先受让权。如转让给其他合伙人以外的第三人，对第三人应按入伙对待。

第七条　合伙负责人及其他合伙人的权利

1．小明为合伙负责人。其权限是：

（1）对外开展业务，订立合同。

（2）对合伙项目进行管理。

（3）确定经营价格。

（4）支付合伙债务。

2．其他合伙人的权利：

（1）参与合伙项目的管理。

（2）听取合伙负责人开展业务情况的报告。

（3）检查合伙项目财务及经营情况。

（4）共同决定合伙重大事项。

第八条　禁止行为

1．未经全体合伙人同意，禁止任何合伙人私自以合伙名义进行业务活动；如有违反，以其业务获得利益的 2 倍归其他合伙人，造成的损失由该合伙人个人按实际损失进行赔偿。

2. 禁止合伙人经营与合伙企业竞争的业务。

3. 禁止合伙人再加入其他合伙。

4. 禁止合伙人与本合伙企业进行交易。

第九条　合伙营业的继续

1. 在退伙的情况下，其余合伙人有权继续以原企业名称继续经营原企业业务，也可以选择、吸收新的合伙人入伙经营。

2. 在合伙人死亡或被宣告死亡的情况下，依死亡合伙人继承人的选择，可以退回继承人应继承的财产份额，继续经营；也可依照合伙协议的约定或者经全体合伙人同意，接纳该继承人为新的合伙人继续经营。

第十条　合伙的终止和清算

1. 合伙因下列情形解散：

（1）合伙期限届满。

（2）全体合伙人同意终止合伙关系。

（3）已不具备法定合伙人数。

（4）合伙事务完成或不能完成。

（5）被依法撤销。

（6）出现法律、行政法规规定的合伙企业解散的其他原因。

2. 合伙的清算：

（1）合伙解散后应当进行清算，并通知债权人。

（2）清算人由全体合伙人担任，或经全体合伙人过半数同意，自合伙企业解散后 15 日内指定合伙负责人或委托第三人担任清算人。15 日内未确定清算人的，合伙人或者其他利害关系人可以申请人民法院指定清算人。

（3）合伙财产在支付清算费用后，按下列顺序清偿：合伙所欠职工薪酬；合伙所欠税款；合伙债务；合伙人出资。

（4）清偿后如有剩余，则按本协议第五条第一款的办法进行分配。

（5）当合伙财产不足以清偿债务时，依本协议第五条第二款的办法办理。当某个合伙人无法清偿自己应承担的债务时，其他合伙人应代为清偿。

第十一条　违约责任

1. 合伙人未经其他合伙人一致同意而转让其财产份额的，如果其他合伙人不愿接纳受让人为新的合伙人，可按退伙处理，转让人应赔偿其他合伙人由此而造成的损失。

2. 合伙人私自以其在合伙企业中的财产份额出质的，其行为无效，由此给其他合伙人造成损失的，该合伙人承担全部赔偿责任。

3. 当合伙人因严重违反本协议，出现重大过失，或由违反《合伙企业法》而导致合伙企业解散的，应当对其他合伙人承担赔偿责任。

4. 合伙人违反本协议第八条规定的，应按实际损失进行全额赔偿。对于劝阻不听者，可由全体合伙人集体决定除名。

第十二条 争议解决方式

对于与本协议有关的一切争议，合伙人之间应共同协商。

第十三条 其他

1. 经协商一致，合伙人可以修改本协议或对未尽事宜进行补充。其中，补充、修改内容与本协议相冲突的，以补充、修改后的内容为准。

2. 入伙合同可作为本协议的组成部分。

3. 本协议一式三份，合伙人各执一份，送登记机关存档一份。

4. 本协议经全体合伙人签名、盖章后生效。

合伙人（签章）：
签订地点：
年 月 日

合伙人（签章）：
签订地点：
年 月 日

案例点评

在现代企业中，合伙企业所占比例很高，中外实践证明，合伙企业是一种灵活、简便的企业组织形式。如果创业者选择以合伙企业形式创办企业，那么就必须订立书面合伙协议。合伙协议经全体合伙人签名、盖章后生效。

案例二 ××商贸有限责任公司章程

第一章 总则

第一条 依据《中华人民共和国公司法》（以下简称《公司法》）及有关法律、法规的规定，由陈×、杨×、叶×、周×、赵×等五方共同出资，设立××商贸有限责任公司（以下简称“公司”），特制订本章程。

第二条 本章程中的各项条款与法律、法规、规章不符的，以法律、法规、规章的规定为准。

第二章 公司名称和住所

第三条 公司名称：××商贸有限责任公司。

第四条 住所：××市××商务中心3号楼A座23层。

第三章 公司经营范围

第五条 公司经营范围：五金交电、日用百货、针纺织品、包装材料、橡塑制品、羽绒制品、机械配件、建筑装饰材料、电脑软硬件、皮革制品、照明电器、不锈钢制品、厨房设备、钢材、电线电缆、机电产品、环卫设备及材料、汽摩配件、工程机械设备及配件、花卉、苗木批发零售。

第四章　股东姓名（名称）、出资方式、出资额和出资时间

第六条　股东姓名（名称）、出资方式、认缴及实缴的出资额、出资时间如表 8-1 所示。

表 8-1　股东的姓名（名称）、出资方式、认缴及实缴的出资额及出资时间

股东姓名	认缴情况			设立时实际缴付		
	出资数额（元）	出资时间	出资方式	设立时实际缴付（元）	出资时间	出资方式
陈×	400 000	2016.3.15	货币	400 000	2016.4.3	货币
杨×	200 000	2016.3.15	货币	200 000	2016.4.3	货币
叶×	200 000	2016.3.15	货币	200 000	2016.4.3	货币
周×	100 000	2016.3.15	货币	100 000	2016.4.3	货币
赵×	100 000	2016.3.15	货币	100 000	2016.4.3	货币
合计	1 000 000			1 000 000		

第五章　公司机构及其产生办法、职权、议事规则

第七条　股东会由全体股东组成，是公司的权力机构，行使下列职权：

（1）决定公司的经营方针和投资计划。

（2）选举和更换非由职工代表担任的董事、监事，决定有关董事、监事的报酬事项。

（3）审议批准董事会的报告。

（4）审议批准监事会或者监事的报告。

（5）审议批准公司的年度财务预算方案、决算方案。

（6）审议批准公司的利润分配方案和弥补亏损方案。

（7）对公司增加或者减少注册资本作出决议。

（8）对发行公司债券作出决议。

（9）对公司合并、分立、解散、清算或者变更公司形式作出决议。

（10）修改公司章程。

（11）公司章程规定的其他职权。

第八条　股东会的首次会议由出资最多的股东召集和主持。

第九条　股东会会议由股东按照出资比例行使表决权。

第十条　股东会会议分为定期会议和临时会议。

召开股东会会议时，应当于会议召开十五日以前通知全体股东。

定期会议应按照规定按时召开。代表十分之一以上表决权的股东，三分之一以上的董事，监事会或者执行监事（不设监事会时）提议召开临时会议的，应当召开临时会议。

第十一条　股东会会议由董事会召集，董事长主持；董事长不能履行职务或者不履行职务的，由副董事长主持；副董事长不能履行职务或者不履行职务的，由半数以上董事共同推举一名董事主持。董事会或者执行董事不能履行或者不履行召集股东会会议职责的，由监事会或者不设监事会的公司的监事召集和主持；监事会或者监事不召集和主持的，代表十分之一以上表决权的股东可以自行召集和主持。

第十二条　股东会会议作出修改公司章程、增加或者减少注册资本的决议，以及公司合并、分

立、解散或者变更公司形式的决议，必须经代表三分之二以上表决权的股东通过。

第十三条　公司设董事会，成员为三人，由股东会选举产生。董事任期三年，任期届满，可连选连任。

董事会设董事长一人，由陈×担任，由股东会选举产生。

第十四条　董事会行使下列职权：

（1）负责召集股东会，并向股东会议报告工作。

（2）执行股东会的决议。

（3）审定公司的经营计划和投资方案。

（4）制订公司的年度财务预算方案、决算方案。

（5）制订公司的利润分配方案和弥补亏损方案。

（6）制订公司增加或者减少注册资本及发行公司债券的方案。

（7）制订公司合并、分立、变更公司形式、解散的方案。

（8）决定公司内部管理机构的设置。

（9）决定聘任或者解聘公司经理及其报酬事项，并根据经理的提名决定聘任或者解聘公司副经理、财务负责人及其报酬事项。

（10）制定公司的基本管理制度。

第十五条　董事会会议由董事长召集和主持；董事长不能履行职务或者不履行职务的，由副董事长召集和主持；副董事长不能履行职务或者不履行职务的，由半数以上董事共同推举一名董事召集和主持。

第十六条　董事会决议的表决，实行一人一票。

第十七条　公司设经理一名，由董事长提名，交由董事会决定聘任或者解聘。经理对董事会负责，行使下列职权：

（1）主持公司的生产经营管理工作，组织实施董事会决议。

（2）组织实施公司年度经营计划和投资方案。

（3）拟订公司内部管理机构设置方案。

（4）拟订公司的基本管理制度。

（5）制定公司的具体规章。

（6）提请聘任或者解聘公司副经理、财务负责人。

（7）决定聘任或者解聘除应由董事会决定聘任或者解聘以外的负责管理人员。

（8）董事会授予的其他职权。

第十八条　公司暂不设监事会，经选举由杨×担任执行监事。

第十九条　执行监事的任期每届为三年，任期届满，可连选连任。

第二十条　执行监事行使下列职权：

（1）检查公司财务。

（2）对董事、高级管理人员执行公司职务的行为进行监督，对违反法律、行政法规、公司章程或者股东会决议的董事、高级管理人员提出罢免的建议。

（3）当董事、高级管理人员的行为损害公司的利益时，要求董事、高级管理人员予以纠正。

（4）提议召开临时股东会会议，在董事会不履行本法规定的召集和主持股东会会议职责时召集和主持股东会会议。

（5）向股东会会议提出提案。

（6）依照《公司法》第一百五十二条的规定，对董事、高级管理人员提起诉讼。

第二十一条　监事可以列席董事会会议。

第六章　公司的法定代表人

第二十二条　董事长为公司的法定代表人，任期三年，由股东会选举产生。任期届满后，可连选连任。

第七章　股东会会议认为需要规定的其他事项

第二十三条　股东之间可以相互转让其部分或全部出资。

第二十四条　股东向股东以外的人转让股权，应当经其他三分之二以上的股东同意。股东应就其股权转让事项书面通知其他股东征求同意，其他股东自接到书面通知之日起满三十日未答复的，视为同意转让。其他三分之二以上的股东不同意转让的，不同意的股东应当购买该转让的股权；不购买的，视为同意转让。

经股东同意转让的股权，在同等条件下，其他股东有优先购买权。两个以上股东主张行使优先购买权的，协商确定各自的购买比例；协商不成的，按照转让时各自的出资比例行使优先购买权。

第二十五条　公司的营业期限 20 年，自公司营业执照签发之日起计算。

第二十六条　有下列情形之一的，公司清算组应当自公司清算结束之日起 30 日内向原公司登记机关申请注销登记：

（1）公司被依法宣告破产。

（2）公司章程规定的营业期限届满或者公司章程规定的其他解散事由出现，但公司通过修改公司章程而存续的除外。

（3）股东会决议解散。

（4）依法被吊销营业执照、责令关闭或者被撤销。

（5）人民法院依法予以解散。

（6）法律、行政法规规定的其他解散情形。

第八章　附则

第二十七条　公司登记事项以公司登记机关核定的为准。

第二十八条　本章程一式三份，并报公司登记机关一份。

全体股东签名、盖公章：

年　　月　　日

案例点评

公司制是所有企业组织形式中最成熟、最规范、最先进的，不少创业者在创办企业时都会选择公司这一企业组织形式。在成立有限责任公司时，需要股东共同制定公司章程。有些创业者会觉得制定公司章程是一件非常复杂的事情。其实，公司章程里涉及的很多条款都是固定的，创业者只需仔细研读标准的公司章程文本后，根据自己公司的特点做出合理合法的修改即可。

案例三 大型连锁餐饮企业的选址方法

究竟如何才能突破选址难题？当下，大型连锁餐饮企业已经整理出了一套高效的选址方法。

麦当劳：选址五原则

原则一：针对目标消费群体。麦当劳的目标消费群体主要为少年儿童、青年人等。因此在选址时，麦当劳会首选考虑这些人经常去的地方，如大型商场、步行街等。

原则二：着眼于现在和将来。麦当劳选址要求 20 年不变。在最终确定店址前，麦当劳会花费 3～6 个月的时间去考察，考察的重点主要为目标店址是否与城市规划发展相符合。例如，是否会拆迁或拆除。

原则三：店面醒目。麦当劳规定门店要尽可能设在一楼临街位置，并配备干净透明的落地玻璃窗。这样，不仅可以让路过的行人感受到麦当劳的文化氛围，还能体现麦当劳的经营宗旨“清洁卫生，方便安全，物有所值”。

原则四：不急于求成。黄金地段的租金往往过高，当房东给出的租金超过心理价位时，麦当劳一般不急于求成，而是先放下，去开发其他门店，用其他门店的成功去影响房东。

原则五：优势互动。麦当劳往往选择在品牌知名度和信誉度较高的商场里开店，这样除了自身客源外，还可以吸引逛商场的顾客到店就餐。

肯德基：选址四步法

肯德基采用的是“选址四步法”，这四步逐步递进，是一套非常规范的选址方法。

（一）拟定策略

肯德基的开发人员要对拟开发市场做长达三年的开发计划，并对预定开设门店的市场区域做出详细评估。评估内容包括对区域性开发和单店开发的抉择，以及规划开店规模、制作投资预算等。

（二）商圈分级

拟定策略后，肯德基的选址人员会对市场区域内的商圈进行分级，将商圈划分为一级商圈（消费者 10 分钟即可到店的区域）、二级商圈（消费者不会经常进店消费的区域）和三级商圈（很难吸引消费者进店消费的区域）。

（三）商圈选择

对商圈进行分级后，发展部人员开始规划将在哪些商圈内开店、主要的选址目标是哪些等。在门店选址上，肯德基不仅考虑自身的市场（包括目标消费者、价格等）定位，还考虑该商圈的稳定度和成熟度。

（四）店址评估

选择店址就是要确定该商圈内最主要的集客点。肯德基会对商圈内的客流量进行评估，找出集客点，从而选出合适的店址。

真功夫：五不做原则

真功夫在选址上，有“五不做”原则，具体如下。

一不做：不是大型商圈的中心位置不做；

二不做：没有充足的客流量不做；

三不做：相对封闭的二层楼层不做；

四不做：户外无独立醒目的广告招牌不做；

五不做：得不到房东和当地主管部门的支持不做。

资料来源：https://new.qq.com/rain/a/20201204A040A500

案例点评

对于需要设立门店的创业企业来说，在选址时，可以先研究大型连锁餐饮企业的选址方法，以帮助自己打开思路，然后根据企业的具体情况进行分析，找出适合自己的选址方法，让自己在创业选址时少走弯路。

第二节　新企业的营销与财务管理

理论导航

营销管理是指企业为了实现自身的目标，运用营销理论进行品牌建设，寻找目标客户，构建营销渠道的一种管理活动。企业不仅要构建满足客户需要的品牌，还要塑造品牌差异，设计出与众不同的产品。对于产品的目标客户，企业需要通过细分市场，找准本产品的主要消费群体。为了将品牌推广出去，企业需要利用先进的渠道管理思想，制定正确的渠道战略决策，确立有效的营销渠道管理模式，形成属于企业自己的营销渠道布局。

财务管理是指企业对资金、资产及财务关系进行有效管理，以便企业实现利益最大化的一种管理活动。财务管理的内容主要有以下几个方面：① 加强现金流预算与控制；② 仔细权衡投资的回报与付出；③ 充分利用产业平台；④ 增收节支，开源节流；⑤ 财务风险控制；⑥ 资金控制。

精选案例

案例一 凭着一套营销“组合拳”，元气森林强势“出圈”

2016 年成立的元气森林，在消费市场刷足了存在感。2020 年上半年，元气森林的销售额突破 8 亿元，在疫情尚未消散的“市场寒冬”里，上述成绩足够引人注目。元气森林作为一家“互联网+”的饮料公司，主要生产低糖、低脂肪的饮料产品，其主打的气泡水已成为当代年轻人的新宠。品牌的“出圈”速度，不断地刷新记录。

高颜值、高品质、重健康，突出产品差异

作为新晋的饮料品牌，元气森林选择差异化的品类细分，将消费者喜欢的气泡水、奶茶等与糖元素相结合，形成了“低糖、低脂肪”的品牌特色。

根据相关研究报告，一线、新一线和二线城市大多数消费者都形成了健康营养的生活观，他们会关注产品的生产日期、保质期、营养成分表等。因此，元气森林的目标客户定位在一线、新一线和二线城市中重视健康的消费者。元气森林推广的“低糖、低脂肪”产品完全契合目标客户注重产品成分，追求健康，尝试新事物的消费习惯，很好地满足了目标客户的消费需求。同时，在定价上也注重差异化，不同于 3 元左右的饮料产品，元气森林定价 5～6 元，抓住了消费升级的趋势。

由于大多数消费者比较愿意购买包装新颖的产品，元气森林利用独特的包装设计，受到了消费者的青睐。当消费者看到元气森林新颖且高颜值的包装时，其目光会被包装上的“气”字及文案所吸引，容易引起消费冲动。

搭乘便利店快速发展的“顺风车”

作为饮料界的网红品牌，元气森林的成功，最重要的原因是其在营销渠道层面的创新。元气森林的产品并没有在传统渠道上与饮料界的巨头们进行正面对决，而是专注于便利店这个精细化的渠道。便利店本身就倾向于寻找新型的、有增长空间的产品，其营销方法和传统商超不一样，销售观念也较为新颖。

在消费群体上，以全家便利店为例，“85 后”消费者占比为 58%，“90 后”消费者占比为 36%。通过这组数据，我们可以初步将全家便利店的目标客户定位在具有年轻、乐于接受新事物、价格敏感性较低、容易受包装与外形所吸引、愿意为爱好付费等消费特点的消费者，这与元气森林的目标客户不谋而合。由于近几年是连锁便利店的高速成长期，门店数量增长速度较快，元气森林赶上了这波线下销售的红利，很快就推出了“爆款”产品。

除了线下渠道创新之外，元气森林在各大电商平台上都有官方店铺。很多消费者首次认识元气森林的产品都是通过线上平台，在线上“种草”之后，他们只要能在线下便利店等渠道看到相关产品，就会有购买的意愿，从而形成了一个营销渠道闭环。

充分利用线上营销渠道，增强曝光率

在产品的营销上，元气森林可谓创新力十足，其在传统营销、新式营销、直播带货等方面都样样精通。当线下渠道铺设完毕，元气森林开始通过线上渠道进行精准曝光，一时间销量呈现出爆发式增长。

元气森林借助不同类型的新媒体，加大其产品的曝光率，从而收获了一批又一批的宣传流量。元气森林先通过微博崭露头角，然后抓住以女性为主的“种草社区”小红书实现流量变现。此外，众多流量明星的宣传，也让元气森林颇受女性消费群体的青睐。

元气森林还通过赞助娱乐综艺、直播带货、跨界合作等方式，形成了一套营销组合拳。这一系列的营销手段让元气森林在激烈的竞争市场中脱颖而出，给业内创造出一种全方位、多层次、宽领域的营销模式。

资料来源：https://zhuanlan.zhihu.com/p/259726073

案例点评

元气森林在打造企业品牌形象方面不遗余力，并通过不同的营销渠道将产品形象与特点深刻地印在消费者的心中。它的成功体现在对品牌的塑造、产品包装的创新、消费群体的精准定位和线上线下多种方式的营销渠道上。因此，企业可以根据市场环境及先进的互联网技术，准确地进行品牌构建，拓展营销渠道，增强品牌的竞争力。

案例二　完美日记——美妆界的黑马

完美日记于 2016 年正式上线，2017 年在某电商平台开设线上店铺。本以为完美日记会像其他国产美妆品牌一样，被淹没在众多海外美妆品牌中。但没想到，完美日记凭借新媒体营销渠道，进入到彩妆品牌销量前 10 名。完美日记的营销几乎包含了所有热门的营销渠道。

借助新媒体平台和社群，打造品牌的流量池

社会化媒体营销是一种结合多种新媒体平台特点的一种营销方式，因其开放性与互动性受到了完美日记的关注。由于小红书这个新媒体平台上 90%的用户为女性，其中 70%的女性用户年龄在 20～30 岁，这些年轻女性群体对美妆产品有着强烈的需求。完美日记成立的第一年，就把营销重点放到了这个新媒体平台上，并开始对线上营销渠道进行全面布局。

完美日记在新媒体平台上采用金字塔的营销策略，通过明星、网红和普通人自上而下地进行宣传，以便吸引消费者，引导消费者购买产品。完美日记还在新媒体平台上发布产品介绍视频、有趣的生活视频、以及其他能与消费者产生共鸣的视频，因此在新媒体平台上获得了大量的流量，知名度逐渐地提升。除此之外，完美日记还设计了“白胖子”品牌卡通形象，这使得品牌形象更加具体和鲜活，更易被消费者记住并获得消费者的喜欢。

消费者在线上购买产品之后，会收到一张“红包卡”，完美日记以“扫二维码得红包”的方式引导消费者添加“小完子”微信号，然后进一步引导消费者加入到“小完子玩美研究所”微信群。完美日记的工作人员会根据消费者的需求，在微信群里分享美妆知识、产品测评、日常生活、美食旅游、限时限量的折扣优惠等信息，与消费者建立良好的关系，获取消费者的信任，以便消费者能够

持续地关注该品牌。完美日记通过建立微信群这种方式，不仅可以精准营销，获得稳定的客户群体，同时也可以降低获取客户产品反馈信息的成本。

跨界合作，联名推广，增加曝光度

除了花式宣传，完美日记本着“万物皆可联名”的原则，通过跨行业、平台、用户圈层，去寻求能够为品牌赋能的合作对象。完美日记通过自己的方式践行着“美不设限”的品牌理念，通过跨界合作去多维度的打造品牌内容和多样化产品，给消费者制造了越来越多的惊喜。完美日记通过与大英博物馆的合作，让艺术走出了博物馆，来到普通人的身边，同时传递着美可以不受时间、空间限制的理念，增强了品牌的文化内涵。完美日记与《中国国家地理》杂志的合作，将中国特色景观融入到产品中，产品的包装设计取材于中国真实地形与地貌，产品的名称取自中国传统颜色的名称，该联名产品将“中国美”的美学理念贯彻到底。在“国潮”大热的今天，这个合作产品可谓深深地抓住了消费者的消费心理。

完美日记的跨界合作之所以如此成功，是因为完美日记不是为了跨界而跨界，而是根据自身的需求寻找合作对象，从而突出自身的品牌特色，丰富品牌的文化与内涵。完美日记的跨界合作不仅提高了品牌的知名度与影响力，增强了品牌的独特性，增加了品牌的曝光度，而且还让消费者看到完美日记未来的无限可能性。

资料来源：https://www.sohu.com/a/337492983_577525

案例点评

完美日记抓住了新媒体平台快速发展的趋势，拓展新媒体营销方式，使得其产品在互联网上快速与频繁地进入到女性消费者的视野中。完美日记寻找到了不同的合作对象，增加了品牌的曝光度，提升了品牌的文化形象，形成了独有的品牌特色。因此，新企业需要明确自身的品牌定位，抓住主要消费群体，开拓适合本产品的营销渠道，打造独一无二的品牌。

案例三　跨入汉服行业的摄影师

“素人皆有梦，梦里着华裳。归来仙袂飘，云鬓花颜俏。”王敏写的这首诗装饰在店面墙上显眼的位置。作为成都的一家汉服商，王敏仅入行 3 年，她创办的素梦归云公司旗下有素梦云裳原创汉服和素梦归云亲子国风两个品牌。王敏的汉服公司是成都汉服行业中的一家初创企业，她的创业经历代表着大部分中、小汉服商家的真实情况。

因为王敏被汉服之美深深地吸引，有着强烈的汉服文化情怀，所以她下定决心从古风摄影转入到汉服行业。

赚到的“第一桶金”全部亏完

2013 年王敏成立了自己的古风摄影公司，即盘古映画摄影。在王敏看来，古风摄影如果没有历史文化作为摄影基础，这份事业是走不远的。王敏说：“很多古风摄影店的汉服穿搭是不专业的，我发现这种情况之后，就特别想研究汉服的穿搭。”正是因为这个研究，王敏开始接触到了汉服文化，并深深地喜爱上了汉服。

王敏从古风摄影工作赚到了人生的“第一桶金”，于是她在 2018 年自信满满地进入到了汉服市场，做起来汉服生意。古风摄影与汉服看起来有一定的相关性，实际二者是完全不同的两个行业，两个行业的经营模式也不一样。王敏坦言：“我进入汉服市场的第一年就把我的“第一桶金”全亏完了，就连合伙人也理解不了我为什么会亏这么多钱。”其实，王敏作为一名初次跨入汉服行业的“小白”，她没有很好地控制预算，生产了许多汉服，导致库存积压严重。另外，她没有选择好合作厂家，没有把控好制作工艺，导致生产费用增加。

成本翻倍，库存积压，合伙人撤资

汉服行业处于快速发展的阶段，为了抢夺商业机会，越来越多的人涌入到了汉服行业。但是，作为一个初创企业，就算身处朝阳行业，也并非能一帆风顺，王敏对此深有感触。进入汉服行业的第一年，王敏在公司经营方面就面临了许多难题。

由于王敏不熟悉绣花、印花等各种服装工艺，她的汉服成本往往比别人多一倍。同样的一件衣服，别人卖 500 元左右都有利润，王敏必须卖 800 元左右才有利润。此外，大量资金的投入，库存积压严重，回报率较低，合伙人撤资，都是王敏的初创企业所面临的困难。

解决问题，渐入正轨

虽然面临着诸多难题，但是王敏没有放弃。她不断地学习企业和财务管理知识，逐渐提升自己的管理水平，培养团队的专业能力。王敏通过开源节流的方法，采取措施改善汉服成本费用的支出，保证稳定的现金流。她还进行市场调研做好生产预算，减少存货积压。初创企业所面临的难题，都被她逐个解决了。

经过 1 年的摸爬滚打，王敏的公司也逐渐走向正规。王敏觉得汉服行业相比成熟的时装行业，还是存在销售劣势。她认为自己的汉服公司要想“出圈”，其汉服必须要日常化，让更多的消费者愿意在日常生活中穿着。因此，她入驻了成都成熟的服装行业平台——荷花池。王敏想在这里观察学习传统时装行业，取长补短，从而提高自己的汉服品牌竞争力。

汉服行业受到当地政府的大力支持

王敏说：“汉服行业有朝气，成都的政府也特别支持。”王敏入驻的荷花池，其所在的成都市金牛区对汉服行业的支持力度非常大，在商铺租金、装修等方面提供了很多的补贴，这些补贴帮助王敏减少了许多费用。此外，成都经常会举办大大小小的汉服活动，如汉服文化节。在这些活动现场，聚集了大量来自全国各地的汉服爱好者及汉服商家，能够很好地营造汉服文化氛围。王敏认为：“汉服恰恰是一个非常需要氛围的行业，有了氛围，我们的汉服自然就能卖得出去，有了不同的汉服活动，汉服市场自然就会有客流量。”

作为一家初创型汉服企业，王敏对行业的发展前景保持着乐观的态度，同时也保持着警惕。为此，王敏认为如果想把品牌做好，还需要组建自己的产品研发团队、电商运营团队和直播团队。她将在完善线上营销渠道，增强品牌曝光度，扩大品牌影响力方面不断努力。

资料来源：https://www.sohu.com/a/448353770_120952561

案例点评

王敏进入汉服行业的前期，由于缺乏初创企业的管理知识，并且对汉服行业的了解不够深入，导致她亏损严重，经营上面临许多困难。但是，王敏不轻言放弃，她学习企业与财务管理知识，提升自己的管理能力，增强企业抗压能力。此外，她的汉服公司入驻荷花池，获得了相关政策的支持，也使得她的汉服公司发展得越来越好。由此可见，初创企业不仅要充分了解行业市场，还要根据自己企业的现实情况加强现金流预算与控制，并充分利用产业平台，减少费用支出。

第三节　新企业的成长管理及策略

理论导航

新企业正处于创业初期和发展期，在这两个阶段，企业的经营与管理至关重要，关系到企业能否长久发展。因此，创业者需要运用各种因素来驱动企业成长，并根据实际情况制订企业成长管理的策略，以使企业迅速成长壮大。

驱动新企业成长的因素主要包括创业者、创业团队、市场和组织资源等。新企业成长管理的策略主要有以下几个方面：整合外部资源，追求外部增长；及时实现从创造资源到管好用好资源的转变；形成比较固定的企业价值观和文化氛围；注重用成长的方式解决成长过程中出现的问题；从过分追求速度到突出企业的价值增加。

案例一　蜜雪冰城——隐形的茶饮巨头

3 元一个冰淇淋，4 元一杯柠檬水，很少有茶饮的价格超过 10 元。以廉价著称的茶饮企业——蜜雪冰城股份有限公司（以下简称“蜜雪冰城”），于 2021 年初传出了融资及上市的消息。据相关报道，蜜雪冰城已完成首轮 20 亿元融资，市场估值逾 200 亿元人民币，这一估值已超过喜茶、奈雪的茶（以下简称“奈雪”）等当红高端茶饮品牌。

坚持低价策略

蜜雪冰城并非近几年新晋的茶饮品牌，实际上它已经有 24 年的历史了，是由张红超、张红甫兄弟俩于 1997 年在河南省郑州市创办的茶饮品牌。只不过当时叫“寒流刨冰”，而且还只是一个小冰淇淋摊子。

蜜雪冰城的创始人张红超初中毕业后就开始闯荡了。有一次路过商丘时，张红超无意间发现了一款市面上不多见的新式冷饮——刨冰，嗅到商机的他当即决定拜师学艺。张红超苦练配方和技术，终于在郑州市金水路燕庄摆下第一个冷饮小摊。后来，小摊越做越大，变成了小店，还有了一个好听的名字——蜜雪冰城。小店生意越来越火爆，但张红超并没有安于现状，他仍在不断寻找商机。

2006 年，郑州街头出现了一款“彩虹帽”冰淇淋，价格昂贵但十分火爆，被这一现象触动的张红超决定研究学习其制作方法。功夫不负有心人，张红超最终研究出了原料的最佳配比。当时“彩虹帽”冰淇淋定价是 10 元一个，而张红超在综合考量之后把蜜雪冰城的冰淇淋定价为 2 元一个。冰淇淋一推出就掀起了热潮，引得人们排长队购买。就这样，蜜雪冰城以压倒性的价格优势立刻打开了郑州市场。

此后，蜜雪冰城又先后推出了柠檬水、奶茶等多种爆款产品，且价格大都在 10 元以下，低于市面上同等质量的商品。时至今日，蜜雪冰城依然坚持低价策略，始终坚守“高品质平价产品”的产品定位。相比于喜茶、奈雪等均价 20～30 元一杯茶饮的价格，蜜雪冰城的产品满足了多数消费能力较弱的学生党和年轻白领们的口腹之欲。

主攻大众市场

除了低价策略，多年以来，蜜雪冰城一直将品牌的开店重心放在消费潜力更大的大众市场。蜜雪冰城的门店主要分布在河南、河北、山东、四川等多个省份的三四线及以下城市，且几乎达到了“承包”的地步。这些地方的学生党、初入社会的年轻群体，就是蜜雪冰城的目标消费者。

蜜雪冰城在选址时，往往会把门店开在学校周边、商业步行街、城中村、车站等客流量较大的区域。因为这些地方更容易聚集大量的消费者，利于品牌的宣传。由于蜜雪冰城产品价格都相对较低，并且经常会有优惠活动，这对消费需求高、消费能力弱的主要消费群体具有很强的吸引力。

主攻大众市场的策略不仅使蜜雪冰城巧妙地避开了网红茶饮品牌在一二线城市的激烈厮杀，还使得品牌的经营规模如滚雪球般不断扩大。2020 年 6 月，蜜雪冰城官方微博宣布其全球门店数量突破 1 万家，成为国内首个门店破万的茶饮品牌，而喜茶、奈雪的门店数量均徘徊在千店边缘。

自建供应链体系

随着企业规模不断扩大，门店数量持续增多，原料成本和运营成本都在不断增长。那么，坚持低价的蜜雪冰城是如何压缩成本，并做到年营业收入 65 亿元的呢？它给出的答案是——自建供应链体系。

2012 年，蜜雪冰城成立了独立的研发中心和中央工厂，实现了核心原料自产，这样就从源头控制了原料的成本，掌握了议价权。而且，终端的门店越多，议价的空间就越大。

除了控制上游成本，蜜雪冰城还搭建了高效的物流配送体系。2014 年，蜜雪冰城占地 100 亩的河南焦作仓储物流中心投入使用，成为全国茶饮行业中第一家实行物料免费运送的企业。除了总仓设立在河南之外，蜜雪冰城还在全国东西南北各区域分别设立了四大分仓，五仓联动，辐射全国，原料和物料可以直达门店，没有中间商赚差价。

此外，在门店管理上，蜜雪冰城建立了标准化的工作流程，并提供系统经营培训、店面装修设计、开业指导、营销活动方案策划等一系列指导服务，进一步降低隐性的运营管理成本。随后的 2017 年、2018 年，蜜雪冰城的上海研发中心和深圳研究院相继成立。从研发生产，到仓储物流，再到运营管理，蜜雪冰城拥有了完整的产业链闭环，形成了一套属于自己的运营模式。

自此以后，蜜雪冰城的门店版图扩张速度越来越快，甚至还将门店开到了国外。2018 年，蜜雪冰城在越南河内市开设了海外市场的首店。截至目前，蜜雪冰城在海外市场已拥有超 70 家门店。

资料来源：https://www.sohu.com/a/403185957_103830

案例点评

根据企业生命周期理论，蜜雪冰城目前已进入成熟期，其产品销售额和市场占有率已初步实现最大化。从蜜雪冰城的发展历程可以看出，其在初始期因创始人张红超独到的眼光与魄力得以迅速打开市场，并靠着坚持低价和主攻大众市场这两大策略使企业规模不断扩大。进入成长期后，蜜雪冰城以自建供应链体系为支撑稳固了企业的产品形态，并形成了难以复制的运营模式，在纷争不断的茶饮江湖中杀出了一条自己的路。由此可见，新创企业要想获得长久发展，必须注重每个成长阶段的管理，并根据企业内外部实际状况制定符合自身的成长管理策略。

案例二　“后发”的怪兽充电——长期主义的胜利

怪兽充电是一家智能共享充电宝公司，于 2017 年初成立。彼时，共享经济在神州大地上蓬勃发展，其细分赛道——共享充电行业已然十分火热。纵观当时行业局势，小电、街电等先入局的选手早已成为资本和市场的宠儿，竞争异常激烈。

在这种背景下，后入场的怪兽充电看上去连生存都十分艰难，更别提超越那些头部品牌。然而，这家初创企业竟然做到了“后来者居上”。据相关数据显示，仅到 2017 年底，怪兽充电的服务范围就覆盖了数十座城市和几万家商户，超过了一些行业内早期玩家；2019 年，怪兽充电的市场份额占有率达到行业第一，成为名副其实的行业领头羊。

“天时地利人和”的崛起

怪兽充电的崛起，始于其创始人蔡光渊一次不太愉快的经历。有一次，蔡光渊外出办完事准备打车回家时，发现手机电量严重不足。为此他找了数家商户请求充电，但都被拒之门外，最后还是在一个美妆柜台勉强将电量充至5%才如愿回家。这次遭遇使蔡光渊产生了做共享充电宝的想法。

2017年春天，怪兽充电正式踏入共享充电行业的赛道，其创业团队用“豪华”二字来形容丝毫不过分。据公开资料显示，怪兽充电的创始人兼首席执行官蔡光渊曾任优步上海的总经理兼全国市场总监，首席运营官徐培峰曾任美团众包的总经理，首席营销官张耀榆曾为优步上海的品牌与运营负责人，首席技术官李晓炜曾任途牛网的研发总经理。此外，怪兽充电其余高层人员也多是科技大厂出身，如其供应链负责人来自华为。

虽然起步较晚，但仅在2017年怪兽充电就接连完成了3轮融资，获得了小米科技、高瓴创投等投资企业的青睐，融资金额也高达上亿元，追上甚至超越了行业里的一些早期玩家。与此同时，蔡光渊和团队通过充分观察，将目标市场锁定在那些尚未被渗透到的商户，以及零售、娱乐和公众设施等场景。就这样，靠着团队卓越的运营能力、雄厚资本的支持、巨大的空白市场，怪兽充电迅速成长起来。

坚持长期主义

崛起后的怪兽充电并没有急于扩张，而是坚持践行长期主义，强调一步一个脚印，着眼于长远，全神贯注并全力以赴。正如蔡光渊所说，共享充电宝不是赚快钱的生意，它需要把商户、用户、技术和团队等资源积累起来打胜仗，打造一张有规模的“网”需要耐心和时间。

在市场运营方面，怪兽充电有一套自己的方法论——精细化运营。根据怪兽充电的合作商户介绍，怪兽充电为他们提供了一套完备的服务体系，在配送安装、硬件巡检、送货补货、硬件维修和应急运维等层面都有清晰的保障措施。例如，4小时内完成送货补货、4小时内进行设备维修或更换等。全方位、立体式的服务让怪兽充电赢得了好口碑，也为其业务的进一步扩张奠定了基础。

怪兽充电一直重视产品的研发，其产品品质也始终走在行业前端。怪兽充电的早期产品均是与小米、紫米这样的高品质供应商共同设计和研发的，因此在短时间内就构筑起了品质壁垒。此外，蔡光渊和团队还敏锐地捕捉到弹出式充电柜和“三线合一”的市场机遇。弹出式充电柜的“按键归还”使用户不再承受“扫码归还”的繁琐，大大提升了其体验感。“三线合一”即一个充电宝有三条线，同时满足安卓、苹果和Type-C充电，实现了手机、笔记本电脑、电子书等各类智能设备的电量补给，适应了用户的多种需求。

2017年底，怪兽充电建立了自己的硬件团队，并对其软硬件产品做了几十代的更新和迭代。此外，怪兽充电还自主研发了一整套底层的物联网通信协议，这是目前少有的在物联网领域实践过、大体量设备管理的通信协议。通过应用物联网技术，大数据平台实时监测终端设备，极大地降低了其产品的故障率。

合作的艺术

随着市场覆盖面越来越广，怪兽充电全速推进全场景战略。除了传统的餐饮、零售类场景以外，怪兽充电着力攻破交通枢纽、医院、景区、酒店、主题乐园等人流量大且消费热点集中的高质量场景。截至目前，怪兽充电已入驻厦门地铁二号线、南京南站、济南遥墙国际机场等近八百个交通枢纽，与上海迪士尼度假区、华住酒店集团、皇冠假日酒店等达成了战略合作，并进驻乌镇、泰山、南京总统府、大理古城等上千个旅游景区。

除了场景扩张，怪兽充电的品牌升级也在同步推进。怪兽充电进入线下展会、音乐节、品牌活动等场景，同时推出线上品牌营销、明星联名、IP 定制宝等，不断引入“潮流”概念，强化用户的品牌感知。

目前，怪兽充电的用户已超过 2 亿，并与全国逾六十万商户建立了合作。其用户也从以 20 岁左右的年轻人为主，转向年龄层更丰富的互联网用户，甚至出现了大量 50 岁以上的中老年用户。

时代和市场的考验

2020 年初，突如其来的新冠肺炎疫情打乱了所有人的阵脚，怪兽充电也陷入困境。要知道，共享充电宝高度依赖线下门店，门店生意的好坏，直接决定着共享充电宝的生存与发展。疫情来袭，门店倒闭和关门随时都会发生，怪兽充电面临着巨大的挑战。

得益于精细化运营，怪兽充电的运营人员可以直接关注到每个门店的数据，定位到每个充电宝的状态，从而对症下药，要么补上柜机，要么撤走。疫情期间，许多一线运营员工还没过完年就回到公司加班，每天都在看数据、想办法。他们第一时间就把一些关闭门店或者效率极低门店的设备，挪到效率更高的门店。短短几个月的时间，他们就腾挪了数万个商户的设备。

随着抢救行动的进行，怪兽充电的业务从四月逐步缓慢复苏，五月开始加速爬坡，基本恢复至疫情前水平。到了六月，怪兽充电的业务量已经超越历史最高水平，实现了疫情重压下的逆势翻盘。

资料来源：https://baijiahao.baidu.com/s?id=1684964825814544209&wfr=spider&for=pc

案例点评

怪兽充电之所以能够实现快速成长与发展，是因为其在初创期就牢牢把握住了团队、商户、用户、技术等各种资源，并在后期采取措施加强对资源的管理和利用，及时实现了从创造资源到管好用好资源的转变，才使得企业经受住了时代和市场的考验，获得了持续健康的发展。由此可见，新创企业必须学会把握各种机遇和资源，并对其进行有效利用，这样才能使企业迅速成长并获得持续发展。

案例三　泡泡玛特，不只是盲盒

2020 年 12 月 11 日，泡泡玛特在香港交易所挂牌上市，每股定价为 38.50 港元。开盘后，其股价迅速拉升到 77 港元，市值一度突破了 1 000 亿港元。

在不少人印象中，这似乎是一家年轻的公司，它甚至还曾被评选为中国新零售的十大新物种。实际上，泡泡玛特已经十岁了。其创始人王宁在大学时期就开始创业，2010 年就成立了泡泡玛特，其最早的定位是销售家具、文具等生活创意产品的杂货铺。

如今，泡泡玛特在全国开设了 100 多家潮玩零售门店，在 62 个城市安置了一千多家机器人商店，推出了 Molly 等爆款盲盒产品，2020 年双十一还在某电商平台创造了 1.42 亿元的销售业绩。

大孩子买出来的产业

促使泡泡玛特业绩腾飞的是盲盒，一种用不透明密封盒包装销售的系列玩具。而这种玩具的主力消费群是15～35岁的年轻人，因此泡泡玛特被称为“大孩子买出来的产业”。

不同于儿童玩具，盲盒这种潮玩迎合的是成年人自我满足、情感表达和收藏的心态。泡泡玛特创始人王宁说，泡泡玛特所代表的是年轻人在未来越来越关注的情感类、非刚需的消费。从某种程度上讲，几十元的盲盒类似口红，是能用低成本获取的“小确幸”，同时也降低了潮玩入门的成本。而需要经历预售、排队甚至抢购的限量款，更能让消费者产生付出努力才会收获成果的满足感，以及作为资深爱好者的身份认同感。

随着潮玩走红，买潮玩似乎已成为某种时髦生活方式。每次泡泡玛特推出新版限量款盲盒的时候，门店外就会大排长龙。此外，在2020年11月初举办的上海潮玩展中，作为牵头商的泡泡玛特更是吸引了数以万计的参观者。即使展会明令禁止夜间排队，也抵挡不住为了率先入场抢购而彻夜等待的人们。

可能很多人并不理解当下年轻人对潮玩的狂热，也很难预想到10年前的玩具杂货店能成长到如今的规模。但不可否认的是，泡泡玛特在中国市场定义并普及了潮玩的概念，打造了潮玩产业的基本玩法。

做“中国的泡泡玛特”

在过去的采访中，王宁常说泡泡玛特要成为“中国的迪士尼”，如今这个说法变成了“中国的泡泡玛特”。“中国制造”和“中国品牌”已经成为中国企业出海的主旋律。泡泡玛特作为中国品牌，要走向国际，在海外市场拓展更多渠道。

在王宁看来，泡泡玛特走的是一种新型的全球化。这种全球化是指，泡泡玛特将产业上中下游的环节串联起来，形成一种集结IP开发、生产、商业化等全流程能力的基建型平台。这种平台在出海时会针对不同的地域、环境和文化等提供相应的技术支持，并以强大的中国制造为基础，这样全球的艺术家们都能共创潮玩。目前，这种平台模式在国外还比较少见，泡泡玛特的入驻将会激起全球潮玩领域的又一热浪。

资料来源：https://www.sohu.com/a/438995590_120967549

案例点评

泡泡玛特的成功在于其抓住了消费者的消费心理，填补了中国潮玩市场的空白。作为“更懂年轻人”的泡泡玛特，它推出的盲盒已成为一种潮流文化，改变着人们的消费理念。此外，泡泡玛特上市后不仅可以获得更多资本的支持，还可以将业务拓展到全球市场，迎来更多的发展机遇。由此可见，消费者对企业的驱动力量是非常大的，新企业必须要注重消费者的心理和需求，打造令消费者满意的产品和服务。

创业资讯——企业创办常见问题答疑

1. 公司取名的讲究或忌讳

（1）创业者为公司取名时，应以能通过工商部门的审核为目的，针对性地取名。

（2）取的名字要简单易记。别人了解公司的第一途径就是公司名称，先知道公司名称，才有可能进行下一步的深入了解。例如，创业者参加活动时，基本上都是按照某某公司的某某进行人物介绍。因此，公司名称要简单易记，这样便于把公司名称和信息传达出去。

（3）公司取名要避免与同地区、同行业内的公司重名，否则将无法通过工商部门的审核，无法进行注册。

（4）公司名称要紧贴业务。对于大公司而言，公司名称与业务的联系不是特别大，但对于中小企业，公司名称最好能突出公司业务。

2. 如何设计公司或品牌 logo

（1）多找同行业的 logo，分析其图案、用色和设计思路等，并结合自己公司的情况，尽量做到差异化和个性化。

（2）寻找专业设计公司，融入行业或企业的特征进行设计。

3. 创业公司前期该如何管理

创业公司前期要对公司运作和管理有正确的理解和思考，根据公司具体情况建立一套务实、简单的公司运作管理基本制度，并遵照执行。切忌一开始就贪大求全、事无巨细。创业公司前期的主要精力要坚定不移地放在公司生存方面，只有当某些管理制度随着公司发展显得滞后时，再去讨论完善或修改增补。

4. 如何提高企业凝聚力

（1）加强企业成员之间的良好沟通。

（2）为员工创造可持续发展的环境。

（3）正确行使领导职能。

（4）加强企业规范建设。

5. 创业公司该如何招聘人才

创业公司招人难主要是因为创业公司前途未卜，规模小。创业公司招聘人才的策略如下。

（1）以合理的股权方式，找到合适的合伙人。

（2）招聘价值观相同的员工。

（3）寻找价值被低估的人才。

此外，从社会招聘和校园招聘筛选初级人才的方法可能不适合创业公司，建议创业公司招聘人才时尽量通过专业的猎头公司。

6. 如何提高员工的执行能力

（1）制订战略规划，解决企业发展方向迷茫、向心力不足的问题。

（2）设计组织结构，解决岗位不清、分工不明的问题。

（3）编制岗位说明，解决职责不明、考核无据的问题。

（4）梳理管理流程，解决部门各自为政、不互相配合的问题。

（5）制定目标体系，解决效率不高、工作被动的问题。

（6）考核员工绩效，解决工作无结果、分配不公平的问题。

（7）设计薪酬激励，解决工资大锅饭、工作不积极的问题。

（8）建设公司制度，解决企业无章可循、无规可依的问题。

（9）打造人才梯队，解决人员素质不高、能力不足的问题。

（10）管控措施到位，解决执行不力、推诿扯皮的问题。

参考文献

[1] 何雪利，王晓燕，王永祥．从零到卓越 创新与创业导论［M］．上海：上海交通大学出版社，2019．
[2] 谭新华．大学生创新创业教育案例分析［M］．北京：国家行政学院出版社，2019．
[3] 罗海滨．创新创业典型案例分析［M］．上海：上海交通大学出版社，2018．
[4] 李贺，王畅．大学生创新创业基础［M］．北京：北京理工大学出版社，2019．
[5] 四川传媒学院创新创业教研室．四川传媒学院大学生创业典型案例集［M］．北京：中国铁道出版社，2018．
[6] 郭元新．创新创业案例分析与仿真训练［M］．镇江：江苏大学出版社，2019．
[7] 张卿，王孝胜．大学生创业基础［M］．北京：国家行政学院出版社，2018．
[8] 高校教材编委会．大学生创新创业教育教程［M］．沈阳：东北大学出版社，2016．
[9] 薛永基．大学生创新创业案例集［M］．北京：北京理工大学出版社，2017．
[10] 苏华．大学生创新创业探索与实践［M］．北京：北京理工大学出版社，2018．
[11] 詹跃明，夏成宇．大学生创新创业基础［M］．重庆：重庆大学出版社，2018．
[12] 张德山．大学生创业教育［M］．镇江：江苏大学出版社，2015．
[13] 张德山．大学生创业教育案例分析［M］．镇江：江苏大学出版社，2015．
[14] 颜弘．大学生创新创业教程［M］．哈尔滨：哈尔滨工程大学出版社，2019．